TAYLOR SWIFT
NEW GENERATION

Casa éditions

Texte : Océane Schmitt
Suivi éditorial : Emma Soriano

12 rue Mozart, 92110 Clichy

ISBN : 978-2-38058-442-4
Dépôt légal : août 2023

SOMMAIRE

ENFANCE ET FAMILLE

Taylor, contrairement à ce qu'on pourrait penser, n'est pas née dans le Tennessee, mais en Pennsylvanie, à West Reading, le 13 décembre 1989. Elle y grandit avec ses parents, Scott et Andrea, et son petit frère, Austin, jusqu'à ses 13 ans.

À 11 ans, elle part en voyage à Nashville avec sa mère et son frère pour visiter les maisons de disques afin que Taylor puisse y distribuer des CD qu'elle a faits elle-même avec ses propres compositions. Elle dira plus tard que sa mère attendait dans la voiture pendant qu'elle allait taper aux portes : « Je disais : "Bonjour, je m'appelle Taylor. J'ai 11 ans; je veux un contrat d'enregistrement. Appelez-moi !" ». C'est osé et ça ne fonctionne pas vraiment sur le coup, mais elle ne se laisse pas abattre.

En 2003, ses parents prennent la décision de vendre leur ferme de sapins de Noël en Pennsylvanie et de déménager à Hendersonville dans le Tennessee, le berceau de la musique country. Ils ne lui avouent pas à l'époque, mais ce déménagement est entièrement pour la carrière de Taylor, pour l'aider à se faire connaître dans le milieu de la country.

Taylor Swift et sa mère Andrea Swift, en 2007
aux CMT Music Awards à Nashville.

Sa famille

Son père, Scott, est un talentueux courtier en bourse quand Taylor vient au monde. Il se marie avec Andrea (la mère de Taylor) en 1988. Elle est la fille de Marjorie Finlay, une chanteuse d'opéra. Anciennement cadre dans le milieu du marketing, elle devient mère et femme au foyer à la naissance de Taylor en 1989. Deux ans plus tard, la famille accueille Austin.
Quand la carrière de Taylor commence à prendre forme, Andrea la suit aux quatre coins du monde et Scott reste à Henderson pour s'occuper d'Austin.

Austin est aujourd'hui âgé de 31 ans et se consacre à sa carrière d'acteur. Il a notamment joué dans le film d'horreur *Ça* en 2016.

Taylor et sa famille sont extrêmement proches, elle a d'ailleurs écrit la chanson « The Best Day » pour eux. Ainsi que la chanson « Soon You'll Get Better » pour sa mère, Andrea, atteinte d'un cancer en 2015. Sa famille est très présente pour elle : elle l'accompagne dans sa carrière et la soutient dans tous ses projets. Ses parents et son frère font d'ailleurs tous les trois partie de son équipe.

Abigail, bien qu'elle ne fasse pas officiellement partie sa famille, peut être considérée comme telle. Taylor et elle se rencontrent à 15 ans lors de leur rentrée en seconde à Hendersonville dans le Tennessee. Depuis ce jour, elles sont devenues inséparables. Les fans connaissent d'ailleurs très bien Abigail car elle apparaît dans plusieurs clips : « Picture To Burn », « Fifteen » (chanson dans laquelle elle est d'ailleurs mentionnée !), « Teardrops On My Guitar », « 22 », « I'm Only Me When I'm With You » et « New Romantics ».

Elle apparaît aussi brièvement dans le documentaire *Miss Americana* (2020) lors d'un repas chez Taylor.

Taylor et son frère Austin après que Taylor a gagné un prix aux CMT Music Awards en 2009, à Nashville.

Les débuts de la passion musicale

Dès sa petite enfance, Taylor est passionnée par la musique. Dès le Noël où elle reçoit sa première guitare à son premier jour en studio. À 11 ans, elle performe l'hymne national américain avant un match de basketball des Philadelphia 76ers et se fait grandement remarquer par le public pour sa voix et sa prestance de pop-star à un si jeune âge. La vidéo est disponible sur les plateformes de vidéo en ligne et c'est trop mignon.

En 2004, alors qu'elle n'a que 14 ans, elle signe son premier contrat musical avec Sony en tant que parolière pour des chanteurs de country. Le contrat se termine quelques mois plus tard, car Taylor et ses parents trouvent qu'elle manque de liberté. Elle ne veut plus seulement écrire pour les autres.

Sa performance de « La bannière étoilée » est la première de beaucoup d'autres performances. Du début de son adolescence jusqu'à ses 14 ans, elle joue dans des petites salles, des bars, des foires… tous les endroits qui l'acceptent, elle y va ! Et ça fonctionne : en 2005, alors qu'elle se produit au Bluebird Cafe à Nashville, Scott Borchetta, patron du jeune label Big Machine, est dans le public. Il voit immédiatement un potentiel de star. Quelques mois plus tard, elle signe son contrat (une des premières signatures de ce label) et marque le début de sa carrière.

Au « TRL » (Total Request Live) de MTV, le 28 février 2008.

SHURE

LES ÈRES

Ère *Taylor Swift*

Pour son premier album, Taylor épouse les racines country du Tennessee – faux accent sudiste inclus ! Ses inspirations sont Faith Hill, Shania Twain, Dixie Chicks, Tim McGraw ou encore Leann Rimes. Taylor se laisse conseiller par Borchetta pour la production de l'album et engage Nathan Chapman comme producteur.

L'album se compose de 11 chansons, 3 qu'elle a écrites seule et le reste en collaboration avec Liz Rose, Robert Ellis Orrall, Angelo Petraglia et Brian Maher. Liz Rose est une parolière clé de l'album, mais aussi de la carrière de Taylor. Elles ont commencé à écrire ensemble alors que Taylor n'avait que 14 ans. Tous les mardis, elles avaient rendez-vous pour des sessions d'écriture. Liz dira plusieurs années plus tard pour le magazine *Rolling Stone* : « J'étais juste son éditrice. Elle savait clairement ce qu'elle voulait dire ». Cette relation se poursuit tout le long de la carrière de la jeune chanteuse.

Pour la production, Nathan Chapman a fait totalement confiance à la chanteuse. Taylor savait exactement ce qu'elle voulait au niveau de l'instrumental. On retrouve dans les chansons des instruments propres à la musique country comme le banjo ou encore la guitare acoustique. À cela s'ajoutent quelques touches de pop pour le côté jeune et actuel et le tour est joué.

Quant aux paroles, Taylor veut parler de ses relations, de sa vie et de ses expériences, ainsi que de ses émotions, contrairement aux autres chanteurs country. Elle écrit de façon autobiographique sur des événements qu'elle a vécus, sur sa famille, sur un couple de voisins ou encore sur ses crushs de lycée. Elle écrit seule « The Outside », « Should've Said No » et « Our Song ».
« The Outside », qu'elle écrit à 12 ans, parle de la solitude qu'elle ressent à l'école. Elle se considère comme une paria et ne se sent pas intégrée aux autres adolescents de son âge. Elle dit lors d'une interview : « (…) *dans le cas de "The Outside", j'écrivais exactement ce que je voyais. J'écrivais à partir de la douleur.* » Elle explique qu'elle utilise la musique comme une échappatoire et qu'elle se sent chanceuse de n'avoir jamais eu recours à l'alcool ou à la drogue pour l'aider à oublier ses problèmes.

Le 22 septembre 2007,
Taylor joue sur la scène du
Sound Advice Amphitheater,
à Palm Beach en Floride.

Elle ajoute « Should've Said No » à l'album au dernier moment. Elle y parle d'un ex-copain qui l'a trompée. Elle écrit cette chanson en cinq minutes (véridique !) et y incorpore des paroles qu'elle a dites à ce garçon pendant la rupture. Le genre de chanson que l'on a envie de hurler dans la voiture avec ses amies quand on en a ras le bol des hommes !

« Our Song » est une chanson plus joyeuse, pleine de romance. Elle l'écrit pour le concours de talents de son lycée alors qu'elle est en première année. À ce moment, elle sort avec son tout premier petit ami, Drew, et veut écrire une chanson qui parle à tous ses camarades. Elle dira plus tard : « À l'époque, je sortais avec un garçon et nous n'avions pas de chanson. J'en ai donc écrit une et je l'ai jouée au concours de talents à la fin de l'année. ». Facile quand on est Taylor Swift ! Cette chanson est si populaire parmi les élèves du lycée que Taylor n'a d'autre choix que de la mettre dans l'album.

Pour le reste des chansons, elle les coécrit avec plusieurs paroliers. Toujours non loin des mêmes thèmes. Amour, rupture, solitude, insécurité, famille et amitié. Elle écrit « Mary's Song » sur la rencontre amoureuse de ses voisins. On retrouve aussi plusieurs chansons de rupture comme « Cold As You » ou « Picture To Burn ». Pour cette dernière, il y a deux versions : la première qu'elle sort comporte la phrase « Go ahead and tell your friends that I'm obsessive, that's fine I'll tell mine you're gay » (« Allez, va dire à tes amis que je suis obsessionnelle, c'est bien, je dirai aux miens que tu es gay. »). Peut-être que ça sonne bien, mais la connotation homophobe lui déplaît. Elle change donc les paroles quelques mois après la sortie de l'album : « *So go and tell your friends that I'm obsessive and crazy that's fine, you won't mind if I say by the way …* » (« Alors, va dire à tes amis que je suis obsessionnelle et folle, c'est très bien, tu ne m'en voudras pas si je te dis au passage… » puis le refrain)

L'album sort aux États-Unis et au Canada le 24 octobre 2006, puis le 18 mars 2008 dans le reste du monde. L'album éponyme se range dans les catégories country et pop, reconnaissable par sa guitare très présente. Taylor fait majoritairement la promo sur l'ancien réseau social MySpace, ce qui est très inhabituel pour une chanteuse de country, car les fans qui écoutent ce genre de musique ne sont pas sur les réseaux pour adolescents. Mais avec cette promo, Taylor permet d'atteindre des fans beaucoup plus jeunes, et elle agrandit ainsi la *fanbase* de country à une plus grande tranche d'âge. Elle change drastiquement le public ciblé par la musique country et ce n'était pas une mince affaire.

CMA Music Festival Fan Fair en 2007, à Nashville.

S'ensuivent six mois d'interviews radio dans tous les États-Unis. Elle sort 5 singles pour promouvoir l'album, chacun ayant son propre clip : « Tim McGraw », la chanson en honneur de son chanteur country préféré, « Teardrops On My Guitar », « Our Song », « Picture To Burn » et enfin « Should've Said No ».
L'album reste 246 semaines au Top 200 Billboard et 24 semaines dans le Top des Albums Country. Elle vend 4 millions d'albums aux États-Unis. Pas mal pour un premier !
Aux Grammy Awards 2008, elle décroche deux nominations – ses premières – pour le Meilleur Nouvel Artiste et l'Album de l'Année, le plus grand prix de la soirée.
Elle a même l'honneur de faire la première partie du groupe Rascal Flatts (entendus dans *Cars*, eh oui !) en 2006 puis de Tim McGraw et Faith Hill en 2007. En faisant ainsi la première partie de deux des plus grands chanteurs de country aux États-Unis, elle fait une entrée fracassante dans le monde de la musique.

Et les critiques dans tout ça ? Eh bien, elles sont majoritairement positives ! Tous s'accordent pour féliciter Taylor pour ses talents d'écriture et de réussir à aussi bien transmettre ses émotions. La production est elle aussi acclamée.
Cependant, les critiques ne réussissent pas à s'entendre sur le genre de l'album, bien que Taylor elle-même dise qu'il s'agit de country-pop. Certains se plaignent qu'elle dénaturalise la country pure avec les airs pop de ses refrains, d'autres remarquent que certaines chansons comme « Should've Said No » pourraient s'apparenter à de la pop-rock.
Les critiques négatives soulèvent toutes les mêmes idées, comme le fait que l'album n'est pas révolutionnaire, pas novateur. Certains se plaignent que sa voix est « trop jeune » (elle n'a que 16 ans !). Mais d'autres applaudissent quand même la force de sa voix. Enfin, il y a ce doute sur son accent forcé. Comment une jeune fille de Pennsylvanie peut-elle avoir un aussi gros accent du sud, à moins qu'il ne soit faux ? Mais on ne va pas se mentir, c'est cet accent qui donne tout le charme à ce premier album et on ne peut pas l'imaginer sans.

Le 7 novembre 2007, Taylor Swift performe avec Brad Paisley et Kellie Pickler sur la scène du 41e CMA Awards, à Nashville.

Cet album est significatif de la carrière de Taylor, c'est son premier et toutes les chansons sont iconiques. Encore aujourd'hui, à ses concerts, les fans hurlent les paroles. En 2022, le magazine *Rolling Stone* sort son top 100 des meilleurs « premiers albums » de l'histoire et *Taylor Swift* s'y place en 32e position.

Bien que les experts en country de Nashville désapprouvent la Taylor Swift de l'époque (pour eux, elle ne représente pas la démographie du genre), et encore aujourd'hui, il y a toujours débat lorsque l'on parle de Taylor et de country dans la même phrase.

Le caractère autobiographique de l'album va complètement définir la suite de sa carrière : elle est le modèle type de ce style d'écriture et a inspiré beaucoup d'artistes à faire de même.

Pourquoi la country a-t-elle autant de succès aux États-Unis ?

La musique country, bien qu'encore assez méconnue en France, est un des genres de musique les plus populaires aux États-Unis. C'est une musique appréciée dans ce pays, car elle peut être jouée par des personnes de tous les statuts socio-économiques, et donc appréciée par tout le monde. Pour beaucoup d'Américains issus de la classe sociale ouvrière, c'est une musique autour de laquelle ils peuvent se réunir, boire et danser sur les sons. C'est aussi un style de musique où l'on peut facilement s'identifier, car la musique country consiste à raconter des événements de la vie : amour, joie, tristesse, travail, etc. Taylor Swift a rendu la chanson country plus accessible aux adolescentes, qui ne s'identifient pas aux paroles d'hommes et de femmes ayant dépassé la quarantaine. C'est aussi pour ça que Taylor est devenue aussi populaire, elle a su exploiter un segment démographique négligé.

Kansas City, le 11 mai 2007.

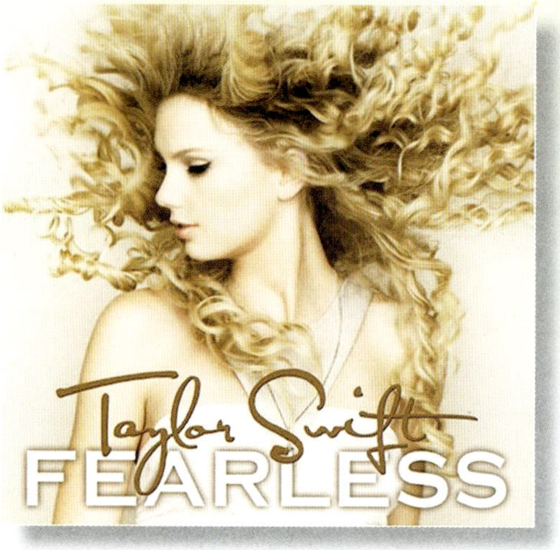

Ère *Fearless*

De 2006 à 2008, Taylor assure la première partie de plusieurs artistes en tournée et fait la promotion de son premier album *Taylor Swift* (2006). À côté de tout ça, elle commence à écrire son deuxième album. Elle retrouve sa partenaire d'écriture Liz Rose et s'associe avec de nouveaux paroliers comme John Rich, Hillary Lindsay ou la chanteuse Colbie Caillat. Nathan Chapman revient comme producteur et Taylor est co-productrice pour la première fois. Elle dit s'être beaucoup inspirée de Brad Paisley et de Sheryl Crow, deux artistes country. Son deuxième album, ou comme les Américains disent le « sophomore album », peut être vu comme l'album du passage à l'âge adulte.

Comme avec son premier album, elle se concentre sur une écriture autobiographique, sur ses expériences, ses relations, sa famille et sa vie de lycéenne. Les thèmes sont principalement l'innocence, la nostalgie et les rêves. On se croirait dans un conte de fées, elle parle de princes, de princesses, de cheval blanc et de baisers sous la pluie. Il y a une sorte de naïveté adorable dans ses chansons. Quelle adolescente n'a jamais rêvé de rencontrer un prince charmant sur son cheval blanc qui vient l'embrasser sous la pluie après tout ?

Après une dispute avec ses parents qui désapprouvent une de ses relations, elle part s'enfermer dans sa chambre et écrit son premier hit mondial, « Love Story ». Dans cette chanson, elle réinvente la pièce de Shakespeare, *Roméo et Juliette* en y écrivant une fin heureuse avec une demande en mariage. C'est moins triste et ça ne fait pas de mal parfois. Cette chanson représente parfaitement ses rêves d'adolescente. En changeant la fin de cette histoire tragique, elle montre qu'elle croit aux contes de fées et aux fins heureuses. C'est la naïveté d'une ado de 17 ans retranscrite en chanson. Et elle reste aujourd'hui une de ses chansons les plus écoutées.

Le 27 août 2009 au Madison Square Garden, munie de sa fameuse guitare à strass !

Étrangement, la chanson « White Horse » va complètement à l'encontre de « Love Story ». Elle dit que le prince charmant n'existe pas et qu'elle ne croit plus aux contes de fées après une rupture douloureuse.
« Je ne suis pas une princesse, ce n'est pas un conte de fées. »
« Maintenant il est trop tard pour toi et ton cheval blanc de revenir »
La chanson est pourtant sur le même garçon que la chanson « Love Story » ! Mais il a mal agi et elle ne croit plus en l'amour ni en lui. L'optimisme se transforme en pessimisme.

Toujours dans le thème de la rupture, elle écrit « Forever And Always » sur son ex-copain Joe Jonas, qui a rompu avec elle par téléphone. La chanson parle de cet amour comme une flamme qui s'éteignait doucement, de la distance qui commençait à s'installer et de sa confusion dans cette situation.

Dans « You're Not Sorry », elle parle d'un homme infidèle et dans « Tell Me Why », elle chante sur la relation chaud-froid qu'elle avait avec un ex-copain et de la douleur qui vient avec. Dans « The Way I Loved You », elle parle du fait d'être dans une relation saine avec un garçon parfait, que toutes ses amies envient, mais de vouloir retourner à son ancienne relation qui, bien que toxique, la rend nostalgique.

Des thèmes plus joyeux sont aussi abordés, comme avec « The Best Day ». Au lycée, elle se sentait un peu à l'écart des autres élèves alors sa mère l'a amenée faire une journée shopping pour la réconforter. Taylor a tellement aimé cette journée qu'à peine rentrée chez elle, elle s'est empressée d'écrire sur ça et sur son amour pour sa mère.

Pendant le Fearless Tour, Taylor joue à Sydney, au Factory Theatre, le 12 mars 2009. La crinière identique à la pochette de l'album !

Pour « You Belong With Me », elle entend un de ses musiciens parler à sa petite amie pas très sympa. Une idée de chanson lui vient. Le personnage principal est la fille « normale » qui n'est pas très populaire et qui ne se fait pas remarquer. Elle est amoureuse d'un garçon qui sort avec la fille populaire, la capitaine des pom-pom girls, la « méchante » du lycée. Ambiance « pick me girl » chez Taylor !

Miley Cyrus et Taylor Swift aux 51e Grammy Awards le 8 février 2009 à Los Angeles.

Taylor introduit également sa fascination pour la pluie dans cet album. Avec moult métaphores, elle intensifie l'émotion et le *drama*. On danse sous la pluie dans « Fearless », on crie et on se bat sous la pluie dans « The Way I Loved You », on s'embrasse sous la pluie dans la même chanson et « Hey Stephen » et on fait de grands gestes d'amour dans « The Other Side Of The Door » et dans « Come In With The Rain ». Cette image de la pluie va la suivre dans tous ses autres albums, avec le mot « Rain » (pluie) qui revient dans une vingtaine de ses chansons.

En 2009, un an après la sortie de l'album, une édition « platinum » paraît avec 9 chansons supplémentaires : « Jump Then Fall », « Untouchable » (une cover de la chanson du groupe rock Luna Halo, sortie en 2007), « Forever And Always (piano version) », « Come In With The Rain », « Superstar » et « The Otherside Of The Door ».

Cet album donne naissance au même débat que le précédent : est-ce de la country ? De la pop ? Les deux ? Difficile de répondre à cette question, les deux se mêlent : entre instruments aux sonorités country et refrains et « bridges » très pop comme dans « Fearless », « You Belong With Me » et « Love Story ».

Taylor Swift, telle une princesse, arrive dans son carosse aux MTV Video Music Awards le 13 septembre 2009, à New York.

Taylor chante « Love Story » dans un cadre féerique aux 42e CMA Awards à Nashville, le 12 novembre 2008.

Les critiques sont d'ailleurs toujours autant en désaccord sur cette question. Leurs avis sont majoritairement positifs. Tous s'accordent sur l'honnêteté et la vulnérabilité de l'écriture de Taylor mais aussi sa maturité.
Mais certains se lassent de cette idée de romantisme idéal et de positivité constante, ils parlent de mauvais goût et de manque de raffinement. Sympa…

Taylor continue de faire la promo sur MySpace et se rend dans beaucoup d'émissions télé pour parler de l'album et jouer certaines chansons. Alors qu'elle assiste aux 52e Grammy Awards le 31 janvier 2010, elle a l'incroyable chance de chanter avec la seule et l'unique Stevie Nicks, du groupe Fleetwood Mac. Les deux chantent « Rhiannon » mais malheureusement, ça ne plaît pas. La voix de Taylor est largement critiquée par la presse, au point qu'un journaliste aurait contacté Scott Swift pour lui conseiller que Taylor arrête la musique car « elle ne réussira jamais musicalement ». Pas visionnaire celui-là.

La sortie et la promotion de l'album sont malheureusement entachées par un scandale avec Kanye West le soir des MTV Video Music Awards 2010. Ce soir-là, Taylor remporte la catégorie « Meilleur clip féminin » face à Beyoncé. Et ça ne plaît pas au rappeur Kanye West qui décide de monter sur scène, d'arracher le micro de Taylor et d'affirmer que Beyoncé méritait ce prix et qu'elle avait le meilleur clip de l'histoire. On y voit Taylor derrière, qui ne sait pas comment réagir, et on entend le public huer. Taylor avouera quelques années plus tard qu'elle pensait que les cris lui étaient destinés et pas à Kanye, ce qui ne l'a pas aidée à digérer ce moment. Cet événement va agiter les médias, qui vont se jeter sur l'histoire comme des animaux sauvages sur un bout de viande fraîche. Un sacré scandale qui va la suivre longtemps et lui apporter un paquet d'ennuis.

Malgré ces problèmes, l'album est un succès mondial, avec 3,2 millions d'albums vendus aux États-Unis, seulement pour l'année 2009. L'album atteint la 26e place des albums vendus en France en 2008.

Taylor gagne le prix le plus convoité lors de la 52e cérémonie des Grammy Awards, l'album de l'année. Elle dit dans son discours de remerciement que c'est le meilleur moment de son année de terminale. À 20 ans, elle devient la plus jeune chanteuse à gagner ce prix, battue en 2020 par Billie Eilish, âgée de 18 ans à l'époque. « White Horse » remporte la « Meilleure chanson country » et la « Meilleure performance vocale féminine ». Une soirée fructueuse pour la jeune chanteuse !

Fearless, tout comme *Taylor Swift*, est une réussite pour Taylor. Elle sait partager ses émotions et les événements de sa vie comme personne d'autre, et tout cela à seulement 18 ans. Un talent comme le sien, c'est plutôt rare.

Au KIIS FM's Jingle Ball 2009, le 5 décembre 2009 à Los Angeles.

Au Z100's Jingle Ball 2009,
le 11 décembre 2009 à New York.

Ère *Speak Now*

Suite aux événements de 2009 avec Kanye West, Taylor est propulsée sur le devant de la scène et devient une artiste « mainstream » (connue du grand public). Ce troisième album est très attendu par les fans, mais aussi par les professionnels.

L'album sort le 25 octobre 2010 et se nomme *Speak Now*. Taylor est toujours chez Big Machine et produit l'album avec Nathan Chapman, comme ses deux premiers albums.

C'est le premier album qu'elle écrit complètement seule, sans aucune aide. À cause de la tournée pour *Fearless,* Taylor écrit la nuit, ou entre deux réunions, quand elle a le temps et que les idées lui viennent. Le temps qu'elle trouve un moment pour écrire avec d'autres paroliers, les chansons étaient déjà finies.

Speak Now est totalement différent de *Taylor Swift* et *Fearless.* On entend Taylor gagner en maturité. Les chansons parlent du fait de grandir et des difficultés de l'âge adulte. Elle parle de ses chansons comme des entrées dans un journal intime. Comme toujours, c'est avec plein d'honnêteté et d'émotions qu'elle nous offre ce nouvel album. Contrairement à *Fearless,* il n'y a plus de contes de fées, ni de rêves, ni de demandes en mariage ou de chevaliers sur un cheval blanc qui débarquent sous la pluie. Il n'y a plus que la dure réalité des relations amoureuses et de la vie adulte. Les paroles sont plus directes et conflictuelles.

Taylor pendant le *Speak Now* Tour à Newark, le 24 juillet 2011.

Taylor pendant le Speak Now Tour, tout en paillettes !

L'album comporte 14 chansons, et 20 chansons pour la version deluxe, dont « If This Was A Movie », la seule coécrite de cette édition, avec Martin Johnson.

Dans la chanson « Back To December », Taylor demande pardon à un ancien petit copain (qui n'est autre que l'acteur du loup-garou Jacob Black dans *Twilight*, Taylor Lautner !). Elle admet avoir gâché une relation unique et extraordinaire, et de lui avoir brisé le cœur. Avec cette chanson, elle essaye d'arranger les choses entre eux.
« Dear John » est probablement une de ses chansons les plus poignantes et touchantes qu'elle ait pu écrire. Elle parle de sa relation avec le chanteur John Mayer quand elle avait seulement 19 ans et lui 32 ans. Elle l'accuse de l'avoir manipulée avec ses jeux d'esprit pour servir ses fantasmes :

« Don't you think I was too young to be messed with? »
« Don't you think nineteen's too young to be played by your dark twisted games, when I loved you so? »

Toujours dans le thème des relations, « The Story Of Us » raconte la rencontre avec un ex-copain de Taylor lors d'une cérémonie d'awards et son envie de lui parler alors qu'il l'ignore. Elle parle de mauvaise communication, de rejet de la relation et de ce lourd silence qui pèse entre eux.

« Better Than Revenge » est une chanson sur laquelle on pourrait longuement débattre. Il s'agit d'une chanson au rythme très dansant, mais une fois qu'on écoute les paroles, on se demande s'il n'y a pas un peu trop de méchanceté venant de Taylor... Même si on aime cette chanson, on ne peut pas nier qu'elle est très misogyne. Elle chante sur la nouvelle petite amie d'un ex, qui lui aurait volé son homme. Dans les paroles, Taylor parle de la vie sexuelle et du manque de classe de cette fille. La nouvelle petite amie

Speak Now Tour, Philadelphie.

serait Camilla Belle, une actrice qui est sortie avec Joe Jonas quelque temps après Taylor. Petite pensée pour Camilla qui s'est fait détruire dans cette chanson.

« Mine » est un hommage au *Fearless* plein de rêves et d'idéal romantique. C'est une chanson pleine d'espoir, Taylor raconte qu'elle veut trouver l'amour durable malgré ses tendances autodestructrices. « Sparks Fly » est dans le même registre avec l'amour au premier regard, le coup de foudre, les étincelles et les papillons… Elle avait sorti cette chanson avant son premier album *Taylor Swift* et l'a enregistrée pour *Speak Now*.
« Enchanted » est une des chansons les plus aimées des fans. Elle y raconte une première rencontre et les émotions qui suivent, sans savoir si celles-ci sont réciproques :
« Please don't be in love with someone else, please don't have somebody waiting on you. »

Ce n'est pas la seule que les fans adorent, « Long Live » rappelle le thème de contes de fées de l'album précédent. Elle y parle de batailles avec des dragons, d'épées et de magie. Cette chanson est un grand merci à ses Swifties et leur soutien constant depuis le début de sa carrière, mais aussi à ses musiciens et tous ceux qui travaillent avec elle.

« Never Grow Up » est une ode à l'enfance et la nostalgie de grandir. Elle l'écrit à ses 17 ans, elle y explique qu'elle ne sait pas vraiment ce qu'elle ressent sur le fait de vieillir. Elle dit : « De temps en temps, je regarde en arrière et je vois une petite fille de sept ou huit ans, et j'aimerais pouvoir lui raconter tout cela. Elle est en train de devenir ce qu'elle sera et de former ses pensées, ses rêves et ses opinions. J'ai écrit cette chanson pour ces petites filles. »

Taylor Swift accepte le prix de l'artiste de l'année aux American Music Awards le 20 novembre 2011 à Los Angeles.

Speak Now

« Mean » et « Innocent » sont en quelque sorte liés. Les deux seraient sur Kanye West. Dans « Mean », Taylor parle de quelqu'un qui essaye de la tirer vers le bas. Elle parle d'un homme aux paroles « méchantes » à qui elle a dû faire face. Dans « Innocent », elle veut pardonner le rappeur qui l'a blessée, elle se sent obligée de sympathiser avec lui après qu'il a été critiqué par le public. Quand on connaît la suite, on rit un peu jaune…

Pour le titre éponyme de l'album, « Speak Now », il est question du mariage d'un ex-petit ami auquel Taylor veut mettre un terme. Une vraie scène de film : le prêtre énonce la fameuse phrase « Si quelqu'un s'oppose à cette union, qu'il parle maintenant ou se taise à jamais » et Taylor se lève, les mains tremblantes, pour récupérer l'homme qu'elle aime.

Parmi toutes ces chansons, elle choisit 6 singles, chacun accompagné d'un clip : « Mine », « Back To December », « Mean », « The Story Of Us », « Sparks Fly » et « Ours ».

Dans une ambiance de conte de fée aux 44e CMA Awards à Nashville, le 10 novembre 2010.

L'album est toujours un mélange de country et de pop, mais on sent que Taylor commence à trouver ses marques et à être plus à l'aise avec la pop. « Better Than Revenge » et « Story Of Us » sont plutôt dans un registre pop punk.

Comme d'habitude, les critiques sont admirateurs de ses paroles, et la félicitent surtout d'avoir écrit l'album entièrement seule. Leurs notes sont en moyenne à 4 sur 5 étoiles. Beaucoup applaudissent pour sa vision plus mature sur l'amour et les relations. Elle parvient tellement bien à dépeindre parfaitement les émotions et les événements qu'on s'y croirait presque ! La production est elle aussi applaudie.

Taylor Swift et Hayley Williams, du groupe Paramore, à Nashville le 16 septembre 2011

Mais le positif s'accompagne toujours de négatif. Certains parlent de sa voix qui serait trop faible et tendue ainsi que la production qui serait terne. Chacun son avis…
L'album finit 13e dans la liste des 100 meilleurs albums de 2010 pour le magazine *Rolling Stone*. En 2012, le même magazine l'ajoute en 45e position des 50 meilleurs albums de tous les temps.
L'album est nommé pour le Meilleur Album de l'Année aux Academy of Country Music Awards et aux American Country Awards. En 2012, aux Grammy Awards, elle est nommée pour le Meilleur Album Country de l'Année et remporte pour la chanson « Mean » la Meilleure Performance Solo Country et la Meilleure Chanson Country.

En France, l'album atteint la 39e place des ventes en 2010-2011. *Speak Now* se vend en 4710000 exemplaires aux États-Unis et devient l'album d'une artiste féminine le plus rapidement téléchargé avec 278000 téléchargements en seulement une semaine. Un record à l'époque.

Speak Now montre la maturité artistique mais aussi personnelle de Taylor, en méditant sur l'âge adulte et les difficultés qui viennent avec. L'album montre aux critiques ses talents et ses capacités d'artiste. Avec son idéalisation des relations et son image de fille sage et innocente, elle se démarque des chanteuses hypersexualisées de l'époque.

Une amitié de longue date : Taylor Swift et Selena Gomez aux American Music Awards le 20 novembre 2011 à Los Angeles.

Dans une scénographie magique,
Taylor Swift performe le 20 juillet 2011
à Newark.

Ère *Red*

Le 22 octobre 2012, Taylor Swift sort son quatrième album *Red*, toujours avec son label Big Machine. Après la sortie de *Speak Now*, Taylor se remet directement à écrire et dès octobre 2011, elle a déjà 25 chansons prêtes à être enregistrées. Elle sent qu'elle perd en créativité et qu'elle commence à se lasser. Elle décide d'essayer de nouvelles choses.

Comme pour ses trois premiers albums, elle choisit de travailler avec Nathan Chapman. Taylor sait qu'avec son album précédent, elle a su montrer ses talents d'écriture et n'a plus grand-chose à prouver, mais c'est dans la production qu'elle souhaite maintenant expérimenter et sortir de sa zone de confort. Elle coécrit l'album avec plusieurs artistes, dont sa collaboratrice de toujours, Liz Rose.

Le début de l'enregistrement de *Red* se déroule pendant la tournée *Speak Now*. Bien qu'elle veuille expérimenter la production, elle donne priorité aux paroles afin de capturer ses émotions de la même façon que sur les albums précédents. Quand elle commence à écrire avec les autres artistes, elle choisit d'abord de leur expliquer le sentiment qu'elle veut retranscrire dans la chanson, joue une démo approximative à la guitare et accueille leurs idées pour mieux transmettre l'histoire.

La première chanson qu'elle écrit pour l'album est « All Too Well », en collaboration avec Liz Rose. On est en février 2011 et elle vient de mettre fin à sa relation avec l'acteur Jake Gyllenhaal. Les émotions sont encore fraîches et Taylor écrit des pages entières. La chanson est tellement longue qu'elles sont obligées de la réduire encore et encore. Cette chanson est remplie de chagrin et de douleur. C'est la pièce maîtresse de l'album.

Un show spectaculaire aux MTV EMA's 2012 à Francfort.

Elle parle d'une relation perdue, de l'apogée de la romance et des souvenirs persistants même après la fin.

« Red » parle des étapes de l'amour en utilisant des métaphores de couleur. « Losing him » (Le perdre) est bleu, « Missing him » (Le manque) est gris foncé et « Loving him » (L'aimer) est rouge. L'enregistrement de cette chanson est le point critique de la production de l'album. Taylor veut expérimenter et ne pas se limiter à un seul genre. Scott Borchetta, le président de Big Machine, n'est pas satisfait de la production pour l'instant, il souhaite quelque chose de plus pop. Après plusieurs essais infructueux du producteur country Nate Chapman, Taylor décide d'engager les producteurs suédois Max Martin (Katy Perry, Britney Spears, Backstreet Boys) et Shellback. Ils s'occupent alors de trois des sept singles de l'album, mais aussi les plus connus du grand public : « 22 », « I Knew You Were Trouble » et « We Are Never Ever Getting Back Together ». Dans cette dernière chanson, Taylor promet à un ex-petit ami (certainement Jake Gyllenhaal) qu'elle ne se remettra jamais avec lui, malgré ses appels incessants. « 22 » est un hymne aux joies de la jeunesse mêlées aux incertitudes de l'âge adulte. « I Knew You Were Trouble » est le plus gros changement musical de l'album pour la jeune chanteuse. Elle y expérimente un mélange de pop, electro-pop et dubstep. La chanson ne ressemble à aucune autre chanson qu'elle a déjà sortie. Dans celle-ci, la narratrice se blâme d'avoir causé la fin d'une relation toxique.

Nate Chapman coproduit la version finale de « Red » avec Taylor et Dann Huff, un autre producteur country. Taylor veut tout de même garder ses racines, donc elle garde Chapman pour 6 autres chansons : « All Too Well », « Starlight », « Begin Again », « I Almost Do », « State Of Grace » et « Stay Stay Stay ».

« Starlight » est une chanson que Taylor a écrite sur Ethel et Bobby Kennedy, en imaginant la nuit qu'ils ont passée d'après une photo qu'elle a vue. Taylor précise : « *Starlight est une chanson que j'ai écrite, en fait, après avoir vu une photo d'Ethel et Bobby Kennedy quand ils avaient 17 ans. J'ai vu cette photo et je ne savais rien de ce qu'ils faisaient ou de ce qui se passait sur la photo, mais je me suis dit qu'ils avaient l'air de passer la meilleure soirée de leur vie. J'ai donc*

Taylor, dans son ère RED, au KIIS FM's Jingle Ball 2012, à Los Angeles.

écrit une chanson sur ce qu'aurait pu être cette soirée. J'ai fini par rencontrer Ethel et je lui ai joué la chanson, qu'elle a adorée. »

Pour « Begin Again », elle a filmé le clip à Paris. Elle raconte la douleur ressentie après une rupture et sa volonté d'aller de l'avant, de recommencer.
Dans la ballade country pop « I Almost Do », elle décide de renouer avec un ancien copain. « State Of Grace » fait allusion à l'amour au premier regard et les sentiments tumultueux de cette première rencontre.
Enfin, « Stay Stay Stay » raconte deux amoureux qui tentent de se réconcilier après une dispute.

Toujours avec l'envie de s'ouvrir à plusieurs styles de musique, Taylor fait appel au producteur Jeff Bhasker (Harry Styles, Jay-Z, Lana Del Rey) après avoir entendu sa production de la musique « We Are Young » du groupe FUN. Les deux vont créer deux chansons. « Holy Ground », qui parle d'un ex-petit ami absent et des moments fugaces de leur passé de couple, et « The Lucky One », où Taylor narre à la 3e personne l'histoire d'une chanteuse à succès qui voit ses secrets révélés au grand public. Après ces épisodes, elle décide de quitter les feux des projecteurs et de vivre une vie plus paisible, à la fin de la chanson Taylor dit comprendre pourquoi cette célébrité a choisi cette direction, puisqu'elle est maintenant « The Lucky One ».
Pour le premier duo de l'album, Taylor collabore avec le producteur Butch Walker et le chanteur Ed Sheeran dans la chanson « Everything Has Changed ». Elle parle de la chanson comme « organique mais chargée d'émotions ».

Le 31 décembre 2012, Taylor Swift joue pour le concert du New Year's Eve 2013 à Times Square.

Tenue iconique de la « red era » lors du iHeartRadio Music Festival, le 22 septembre 2012.

Dan Wilson, du groupe rock Semisonic, produit « Treacherous » pour la chanteuse. Dans cette chanson, il y a beaucoup de connotations sensuelles sans jamais faire référence à quelque chose d'explicitement sexuel. Pour Taylor, c'est un tout nouveau registre. Plusieurs fois dans la chanson, Taylor se rend compte que cette relation va extrêmement vite et qu'elle pourrait être malsaine.

"Put your lips close to mine as long as they don't touch. (...) And I'll do anything you say if you say it with your hands."

Enfin, Taylor souhaite faire un duo avec le chanteur Gary Lightbody du groupe Snowpatrol sur la chanson « The Last Time », produite par Jacknife Lee (One Direction, U2, REM). Deux anciens amoureux donnent chacun leur version de l'échec de leur relation. Les deux duos de l'album sortent comme single pendant la promotion de l'album.

En tout, Taylor écrit plus de 30 chansons. Elle n'en choisit que 16 pour cet album, dont 10 qu'elle écrit seule. L'édition deluxe comprend trois chansons supplémentaires ainsi qu'une version acoustique de « State Of Grace » et les démos de « Red » et « Treacherous ».
Les trois chansons inédites sont « The Moment I Knew », qui raconte une fête d'anniversaire où le petit ami de la narratrice est absent et leur relation semble défaillante, « Come Back...Be Here », sur une relation à distance qui a peu de chance de durer, et enfin « Girl At Home », où Taylor parle d'un garçon qui sort et flirte avec d'autres filles alors qu'il a une copine.

RED

La production de l'album est faite par 9 producteurs, Swift incluse, tous avec des styles de musiques complètement différents. L'album est un mélange éclectique de styles, chaque émotion ressentie par la chanteuse a une production différente. On y retrouve de la pop, du dubstep, de la pop rock, Brit rock, dance mais toujours avec des touches de country.

L'album est largement inspiré de sa relation avec l'acteur Jake Gyllenhaal, de 9 ans son aîné. On comprend dans les chansons qu'il ne l'a pas traitée à sa juste valeur et qu'il l'a laissée avec un cœur brisé. « I Knew You Were Trouble » serait sur son copain de l'époque, le chanteur Harry Styles, dans le clip de la chanson le personnage masculin principal porte des tatouages similaires au chanteur. Mais rien d'officiel…

Dans ses anciennes chansons, Taylor fait beaucoup d'allusions aux contes de fées, des fins heureuses et des relations sans faille. Avec *Red*, elle fait allusion aux amours et relations perdues. Elle choisit ce titre pour l'album, car elle voit les émotions tumultueuses et extrêmes en rouge : « *de l'amour intense à la frustration intense, en passant par la jalousie et la confusion* ». *Red* est la réalisation difficile qu'une relation peut se terminer dans la douleur. À travers les chansons, on y retrouve son optimisme à toute épreuve, ses insécurités et la pression de la célébrité. Taylor dépasse son image de gentille fille innocente avec les premières allusions au sexe.

Guitare rouge en main lors du BBC radio One Teen Awards à Londres, le 7 octobre 2012.

Comme d'habitude pour elle, les critiques sont largement positives, surtout pour ses paroles. Cependant, ses expérimentations de production reçoivent des critiques assez divisées. Certains font éloge de sa prise de risque, que cela prouve que Taylor est davantage une pop-star qu'une chanteuse country et que c'est un signe de maturité. Puis il y a les moins sympas qui parlent de manque de cohérence, que la production est compliquée et parfois peu ciblée ou encore qui disent qu'elle est exagérée et que Taylor aurait dû se concentrer sur un seul style. Bien que ce sujet divise, tous s'accordent sur son talent pour transmettre ses émotions et ses paroles toujours aussi réussies.

L'album apparaît sur beaucoup de listes des meilleurs albums des années 2010. Il est le 15e album le plus acclamé des années 2010. En 2020, *Rolling Stone* le place 99e dans sa liste des 500 meilleurs albums de tous les temps.

En 2014, *Red* est même nommé pour l'Album de l'année et l'Album country de l'année aux 54e Grammy Awards. Malheureusement, elle perd respectivement face à Daft Punk et Miranda Lambert. D'ailleurs, lors de l'annonce pour le gagnant de l'Album de l'année, lorsque le présentateur annonce Daft Punk pour leur album *Random Access Memories*, Taylor et sa team pensent entendre *Red* et se réjouissent pendant moins de 2 secondes avant de comprendre la suite. Une déception qu'elle a eu du mal à cacher.

Avec *Red,* Taylor Swift a su s'aventurer dans des genres qu'elle n'avait pas essayés avant en travaillant avec de nouveaux producteurs, les grands noms de la pop comme Max Martin et Jeff Bhasker. Avec ses singles pop comme « I Knew You Were Trouble » et « We Are Never Ever Getting Back Together », elle élargit sa *fanbase* à un public plus « mainstream ».

Beaucoup voient *Red* comme sa meilleure œuvre, celle qui a su la faire progresser musicalement mais aussi celle qui a marqué le début d'une toute nouvelle étape de sa carrière. Avec cet album, elle ouvre la porte à un grand nombre d'artistes pour expérimenter, mixer et changer drastiquement de style musical. L'album est aussi un favori parmi les fans, largement grâce à la chanson « All Too Well » qui parle à énormément de jeunes filles et pour son esthétique automnale, expression souvent utilisée par les auditeurs pour parler de la chanson ou bien même de l'album. Cela s'explique par Taylor qui peint cette vision en parlant de « feuilles automnales » qui tombent dans les rues ou de chemises à carreaux, qui sont propres à cette saison.

Le 6 septembre 2012, aux MTV Music Awards à Los Angeles.

Au Z100's Jingle Ball 2012
à New York.

GIACOMIN
1
LEETCH
2

Ère *1989*

Le 27 octobre 2014, Taylor Swift sort son cinquième album studio, *1989*. Après *Red*, Taylor continue sur la voie de l'expérimentation et du renouvellement musical. Elle veut complètement abandonner la musique country et se concentrer entièrement sur la synthpop. Elle s'inspire de la synthpop des années 1980 avec des artistes comme Peter Gabriel et Annie Lennox. Comme elle passe de la country/pop à un album 100 % pop, Taylor se doit d'engager des professionnels du sujet, elle choisit alors Max Martin et Shellback, qui avaient déjà produit sur *Red*. Ils produisent 7 des 13 chansons de l'album, et Martin est coproducteur exécutif de l'album.

Le petit nouveau pour cet album, c'est Jack Antonoff, chanteur du groupe Bleachers et producteur majoritairement pop. Ils ont déjà travaillé ensemble en 2013 sur la chanson « Sweeter Than Fiction » pour la bande originale du film *One Chance*. Cette chanson était déjà un grand pas en avant vers la pop pour Taylor. Jack coproduit deux chansons de l'album et une autre sur l'édition deluxe.

Ryan Tedder, du groupe One Republic, coproduit deux chansons sur l'album. Taylor voulait tellement travailler avec lui qu'elle lui a elle-même envoyé un message vocal. Elle voulait d'abord lui envoyer une idée globale de la chanson pour qu'il soit sûr de vouloir travailler avec elle, alors elle s'est assise au piano, a commencé à enregistrer et expliquer la direction et la mélodie. Le jour d'après, ils étaient en studio pour enregistrer « I Know Places ». Nathan Chapman, son collaborateur depuis le premier jour, bien que ce ne soit pas sa scène musicale, produit une chanson pour l'album, « This Love ». Et enfin, elle engage une productrice britannique, Imogen Heap, pour la chanson « Clean ».

Changement de style pour 1989 ! Festival Rock in Rio USA le 15 mai 2015 à Las Vegas.

Taylor nomme l'album *1989* en référence à sa date de naissance et la naissance de la synth-pop dans les années 1980.
L'album contient 13 chansons, et 6 additionnelles dans la version deluxe. Il débute avec «Welcome To New York», la chanson donne l'impression qu'on emménage avec Taylor dans la Big Apple. Elle y raconte les sensations qu'elle a ressenties quand elle a déposé ses valises dans cette ville, ce sentiment de liberté et d'infinies possibilités. Une chanson parfaite pour ouvrir l'album. Le rythme hyper pop de la chanson donne tout de suite le ton et affirme le nouveau style de la chanteuse. C'est Ryan Tedder qui la coécrit et coproduit.

Ensuite vient «Blank Space», où Taylor se moque de l'image que lui donne la presse. Une image de *serial dateuse* qui enchaîne les copains pour ensuite les jeter à la poubelle après les avoir torturés et qui ne se sert d'eux que pour écrire des chansons de rupture sur eux. Les paroles sont très second degré et pleines d'autodérision. La chanson fait entendre la signature pop suédoise de Max Martin et Shellback mais la production est réduite au minimum afin que l'auditeur puisse se concentrer sur les paroles.

La troisième chanson de l'album, «Style», a des accents funk et est très entraînante. Elle y parle d'une relation toxique, son cœur appartient à quelqu'un qui ne peut pas rester. La chanson serait sur son ex-petit ami de l'époque, Harry Styles. Oui «style» comme Styles… Le parallèle est assez évident. Elle y fait référence à James Dean, pour parler de son regard rêveur… On y reconnaît bien Harry. Ce sont de nouveau Martin et Shellback qui produisent cet hymne pop, qui est aujourd'hui un classique du genre.

La chanson suivante, comme la majorité de l'album, s'inspire de sa relation avec Harry. «Out Of The Woods», produite par Jack Antonoff, est une chanson répétitive avec de lourdes percussions. On reste en haleine tout le long pour connaître la suite de l'histoire, car Taylor a beau avoir abandonné les instruments country, elle garde le même style d'écriture de «storytelling». Taylor dit que cette chanson est celle qui représente le mieux l'histoire de l'album, car elle s'inspire d'une relation si fragile qu'elle ne lui apportait que de l'anxiété.

BRIT Awards 2015 à Londres.

Dans « All You Had To Do Was Stay », produite par Martin et Shellback, Taylor regrette une relation passée où elle a supplié son amoureux de rester. On retrouve comme dans la chanson précédente cette répétition dans le refrain.

« Shake It Off » est la chanson la plus connue de l'album, dans le même style de « Blank Space », Taylor se moque de ses détracteurs et des rumeurs qu'elle lit dans la presse.

« I go on to many dates, ha-ha
But I can't make them stay
At least that's what people say, mmm-mmm
That's what people say, mmm-mmm »

1989 World Tour, le 10 novembre 2015 à Shanghai.

Elle chante son indifférence aux haters et en rigole. Elle choisit cette chanson comme single principal de l'album. Elle sort la musique et le clip le même jour et lance officiellement sa carrière pop. La sortie de cette chanson est un événement majeur dans sa carrière.

Selena Gomez félicite son amie après qu'elle a gagné le prix du meilleur clip de l'année aux MTV Music Awards 2015, à Los Angeles.

Avec « I Wish You Would », Taylor s'essaye à la bubblegum pop, elle pense à un ex-petit ami avec lequel elle ne pense jamais se remettre. Même si leur relation est finie, elle ne lui en veut pas, il n'y a pas d'amertume en elle. Elle aimerait qu'il lui propose de recommencer car elle ne dirait pas non, elle propose même une relation de « sex friends ».

« Bad Blood » sort d'abord sur l'album comme un solo, puis la ressort en single avec, en featuring, Kendrick Lamar. Cette chanson serait

Retour sur la scène du New Year's Eve en 2015 à Times Square.

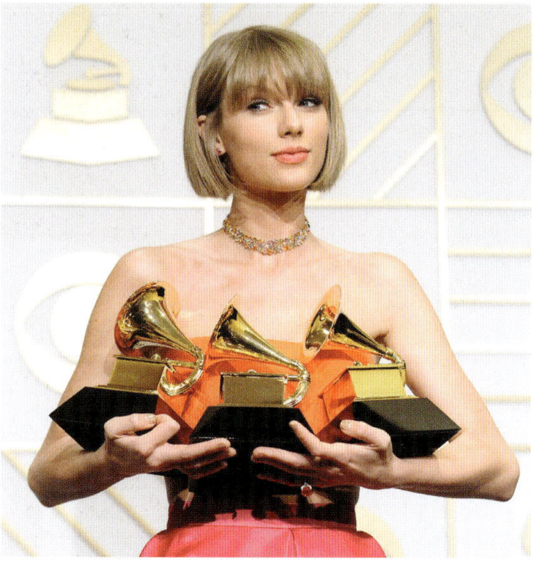

Avec 3 Grammys dans les bras, lors des 58e Grammy Awards, le 15 février 2016.

à propos de sa relation compliquée avec la chanteuse Katy Perry. Le clip de cette chanson a d'ailleurs beaucoup fait parler notamment grâce à son casting plus qu'impressionnant (Ellen Pompeo, Karlie Kloss, Zendaya, ou encore Selena Gomez).

« Wildest Dreams » débute par les battements de cœur de Taylor. Dans la chanson, elle souhaite que son petit copain ne se souvienne que de leurs meilleurs moments quand leur relation sera terminée. Elle veut que ça dure, tout en sachant pertinemment que la fin est proche.

Dans « That's How You Get The Girl », Taylor donne des conseils à un garçon qui voudrait récupérer sa copine. Elle lui propose des tactiques que ses ex auraient utilisées sur elle.

« This Love » est une ballade, Taylor décrit les cycles d'une relation à travers des métaphores. Que ça aille bien ou que ça aille mal, il y a toujours de l'amour. C'est la seule chanson qu'elle écrit seule pour l'album.

Dans l'avant-dernière chanson, « I Know Places », que Taylor voit comme une suite à « Out Of The Woods », toujours sur sa relation très médiatisée avec Harry Styles, elle cherche à se cacher et à trouver un endroit privé pour eux deux, et parle d'à quel point cela complique tout d'être autant sous les flashs des paparazzis.

La dernière chanson de l'album, « Clean » peut avoir différentes significations. Pour Taylor, c'est l'idée d'avoir perdu un amant et de s'être perdue soi-même en même temps. Être « clean » c'est aller de l'avant et prendre soin de soi. Mais pour les fans, c'est une tout autre signification. Pour certains on parle de problèmes de maladie mentale, de dépen-

Taylor chante « Good Morning America » à Times Square le 30 octobre 2014.

dance ou d'abus, être « clean » pour eux est question de libération. Bien que Taylor n'y avait pas pensé en écrivant la chanson, elle l'a tout de suite accepté à la sortie de la chanson et donnait chaque soir des discours différents pendant la tournée *1989* avant de la chanter.

Dans la version deluxe de l'album, il y a 3 chansons supplémentaires. D'abord « Wonderland » dans laquelle Taylor décrit une relation toxique du début à la fin, elle s'inspire de l'histoire « Alice aux pays des merveilles ». Puis « You Are In Love » qui s'inspire de la relation entre le producteur Jack Antonoff et l'actrice Lena Dunham, tous deux des amis de Taylor. Enfin, « New Romantics » clôt l'album. Il s'agit d'une satire sur comment les « jeunes amoureux » voient l'amour et la vie, leur naïveté et leurs désillusions. Ce n'est pas une critique, car Taylor s'inclut bel et bien dans le lot des « new romantics ». Cette chanson conclut parfaitement l'album. Taylor a traversé une rupture, comprend que l'amour n'est pas toujours un conte de fées et que les fins heureuses n'existent pas. Elle veut désormais vivre librement et prendre les choses davantage à la légère. L'album commence par « Welcome To New York » qui marque le début de cette transition et se termine par « New Romantics » qui affirme son désir de liberté.

Les critiques ont adoré cet album. Ils notent tous la réussite de la transition de Taylor vers la pop, soulignant la profondeur de ses paroles, ce qui change des chansons pop commerciales habituelles. L'album est un succès, il finit premier des charts dans des dizaines de pays et se vend par millions dans le monde entier. *Billboard* et *Rolling Stone* le listent en 19e des meilleurs albums des années 2010. Aux 58e Grammy Awards en 2016, Taylor remporte le Meilleur Album Pop et l'Album de l'Année, faisant d'elle la première artiste solo féminine à remporter deux fois ce dernier.

Le succès de *1989* a fait complètement virer la carrière de Taylor, elle est passée de chanteuse country très connue en Amérique à grande pop-star mondialement connue, probablement une des plus talentueuses et accomplies. *1989* est souvent cité comme exemple pour définir le genre de musique pop, cochant toutes les cases de ce à quoi doit ressembler la vraie et bonne musique pop. En s'entourant des grands noms du style comme Max Martin, Shellback, Jack Antonoff ou encore le chanteur du groupe One Republic, Ryan Tedder, Taylor s'assure une transition en douceur et sans faille à un style si différent de la country. Mais en invitant Nate Chapman, elle garde aussi un contact avec ses racines, notamment en restant fidèle à son style de parolière country. Taylor garde son authenticité, tout en se renouvelant et ça fonctionne. Avec *1989*, elle s'ouvre une porte à un succès qu'elle n'aurait sûrement jamais eu en se cantonnant à la country et commence comme une « seconde carrière ». Et c'est avec *Reputation* qu'elle va continuer ce cycle.

Taylor repart avec sept prix des Billboard Music Awards le 17 mai 2015 à Las Vegas.

1989 World Tour,
le 22 août 2015
à Los Angeles.

Taylor incarne la bourreau des coeurs avec "Blank Space", aux American Music Awards, 2014.

Ère *Reputation*

En 2015, alors que *1989* bat son plein, Taylor fait aussi la paix avec Kanye West et s'affiche à plusieurs cérémonies avec lui, comme aux Grammy Awards de la même année. Tout semble aller pour le mieux, la réputation de Taylor est au beau fixe. Aux VMAs 2015, ils font même une sorte de sketch ensemble pour rigoler de l'événement de 2009. Tout bascule le 11 février 2016 quand Kanye sort la chanson « Famous », où il cite Taylor : « I feel like me and Taylor might still have sex / I made that b*tch famous. » (« J'ai l'impression que Taylor et moi pourrions encore faire l'amour/J'ai rendu cette salope célèbre. »)
Le lendemain, la publiciste de Taylor, Tree Paine, répond tout de suite dans un communiqué de presse : « Kanye n'a pas demandé l'approbation de Taylor, mais lui a demandé de publier son single « Famous » sur son compte Twitter. Elle a refusé et l'a mis en garde contre la publication d'une chanson contenant un message misogyne aussi fort. Taylor n'a jamais été informée de la teneur des paroles. Quand Taylor gagne l'Album de l'Année au Grammy Awards 2016 le 15 février 2016, elle lance une petit pique à Kanye dans son discours : « Je veux dire à toutes les jeunes femmes qu'il y aura toujours des gens qui essaieront de saper leur succès, de s'attribuer le mérite de leurs réalisations ou de leur célébrité. » Après tout ça, on pourrait se dire qu'il allait s'excuser et tout irait pour le mieux… Mais hélas, non ! Kim Kardashian, sa femme de l'époque, s'immisce dans le *drama* et dit dans une interview que Taylor était au courant de tout, qu'elle joue sa victime et elle pense aussi que Kanye n'avait même pas besoin de lui demander son accord. Kanye enfonce le couteau dans la plaie quand il sort le clip de la chanson, avec une statue très réaliste qui représente Taylor, nue, dans un lit à ses côtés.

American Music Awards 2018 en pleine "reputation era".

San Jose, le 2 décembre 2017.

Le 17 juillet 2016, Kim publie sur les réseaux sociaux une vidéo de l'appel entre Taylor et Kanye, où on entend Taylor accepter et dire au rappeur qu'il peut faire ce qu'il veut et qu'elle apprécie son appel. Le même jour, Taylor publie sur ses réseaux qu'elle aimerait que cette histoire s'arrête et surtout qu'on arrête de l'impliquer. Les réseaux sociaux, eux aussi, se sont déchaînés sur elle, avec le hashtag « TaylorIsOverParty » (« La fête de la fin de Taylor »). Les internautes commentent des émojis serpents sur tous ses posts après que Kim l'a surnommée « *snake* » sur les réseaux. Après ça, Taylor disparaît totalement. Plus de posts sur les réseaux, plus de sorties photographiées par les paparazzis et plus d'événements, comme si elle avait disparu de la surface de la terre.

Un an plus tard, Taylor revient. Elle supprime tous ses posts sur les réseaux, se désabonne de tout le monde, comme si elle faisait table rase du passé. Mais pas vraiment… Le 21 août 2017, elle poste plusieurs vidéos d'un serpent qui se faufile, sans message, juste ces vidéos cryptiques. Puis 3 jours plus tard, elle poste une image où il est écrit « Nouveau single demain soir » puis la pochette du nouvel album nommé : *Reputation*. Elle annonce qu'il sortira le 10 novembre 2017.

Le premier single se nomme « Look What You Made Me Do », Taylor y parle de sa vengeance et sa renaissance. Elle dit qu'elle est maintenant plus forte et plus intelligente, et surtout qu'elle ne se laissera plus faire. Pour le clip, Taylor dit qu'elle veut montrer le ridicule des images qu'on lui attribue (quand on la voit dans un bain rempli de diamants et de perles par exemple). C'est aussi un changement radical au niveau sonore pour Taylor, elle se lance dans de l'electro-pop et de l'instrumentalisation et rythme EDM. Rien à voir avec ce qu'elle a pu faire avant. Les fans sont d'abord confus en entendant « Look What You Made Me Do ». Ce n'est pas son single le plus apprécié mais les fans le voient surtout comme la renaissance de Taylor, surtout avec ce passage iconique : « I'm sorry the old Taylor can't come to the phone. Why? Oh, cause she's dead ! » (« Je suis désolée, l'ancienne Taylor ne peut pas répondre au téléphone. Pourquoi ? Oh, parce qu'elle est morte ! »)

Taylor refait appel à Max Martin, Shellback et Jack Antonoff pour la production de l'album, mais aussi quatre petits nouveaux, tous suédois qui travaillent avec Martin et Shellback : Ali Payami (The Weeknd, Ariana Grande, Katy Perry), Ilya (Ariana Grande, Jennifer Lopez), Oscar Görres (MARINA, 5 Seconds Of Summer, Britney Spears) et Oscar Holter (The Weeknd, DNCE, Carly Rae Jepsen). Toutes les chansons sont d'ailleurs coécrites avec les producteurs et d'autres paroliers.

L'album se compose de 15 chansons, Taylor dit avoir été inspirée de la série HBO *Game Of Thrones* pour la composition de l'album. Selon elle, il se découpe en deux parties pour elle. D'un côté la vengeance, la guerre et les batailles qu'elle a dues affrontées, et de l'autre, l'amour, la recherche du sacré à travers tous les cris de guerre. Bien que les chansons s'inspirent des événements de sa vie, elle dit s'être aussi beaucoup inspirée des personnages de la série :

« J'ai écrit "I Did Something Bad" après qu'Arya et Sansa ont conspiré pour tuer Littlefinger. Cette chanson et "Look What You Made Me Do" sont aussi très proches de Cersei. Daenerys aussi ».

Concert à Wembley, Londres, le 22 juin 2018.

L'album s'ouvre avec la chanson « … Ready For It ? » (« Êtes-vous prêts ? »), c'est la chanson parfaite pour introduire l'histoire. La chanson propose une production sombre et riche et des paroles sexuellement suggestives, qui rappellent un peu *1989*. Elle ouvre aussi cette première partie de l'album qui parle de vengeance, mais aussi de la réputation de romantique en série de Taylor. « End Game » est le seul featuring de l'album, qui mêle des artistes assez différents : Ed Sheeran et le rappeur Future.

Pour l'anecdote, dans le clip de « … Ready For It ? », a subtilement annoncé ce featuring avec des graffitis « Eddie » et « Future » sur un mur.

Pour les paroles, Taylor y parle de vouloir que son petit ami actuel, l'acteur Joe Alwyn, soit son âme sœur malgré sa « mauvaise réputation ».

American Music Awards 2018.

Ensuite vient « I Did Something Bad ». La chanson est la première qui marque l'éloignement total de *1989* avec un son trap et plus sombre qu'à son habitude. Comme avec « Blank Space », elle se moque de la perception des médias sur ses relations amoureuses.

« Don't Blame Me » est probablement celle que les fans préfèrent dans cet album, Taylor compare le sentiment d'être amoureuse à une dépendance à la drogue. Le bridge a un air de « Take Me To Church » de Hozier.

« Delicate » est une des chansons les plus douces de l'album. Elle y parle de vouloir poursuivre une relation avec un homme malgré sa réputation ternie par tous les *dramas* qui l'entourent, son hésitation à retrouver une vie amoureuse. Cette chanson entre dans le même registre que « Cold As You », « White Horse », « Dear John », « All Too Well » et « All You Had To Do Was Stay ». Ces chansons qui traitent d'émotions plus tristes et difficiles à exprimer. La première partie se termine par « Look What You Made Me Do ».

On commence la partie plus romantique avec « So It Goes... », où l'on retrouve les points de suspension de la première chanson de l'album. On peut traduire le titre comme « C'est ainsi que les choses se passent... » La chanteuse semble tourner la page après toutes ces émotions violentes de la première partie. C'est le début de sa transition vers la nouvelle Taylor, vu que l'ancienne est « morte » dans la chanson précédente.

« Gorgeous » débute avec la fille de Blake Lively et Ryan Reynolds qui prononce le titre de la chanson. Comme toutes les chansons romantiques de l'album, Taylor parle de son petit ami de l'époque, Joe Alwyn. Ici elle parle de leur rencontre, qu'elle le trouve tellement « gorgeous » (« séduisant ») qu'elle se sent obligée de l'avoir pour elle, même si elle est déjà en couple (avec Tom Hiddleston). Pendant ses sessions secrètes, Taylor confesse à ses fans que toutes les chansons positives dans l'album parlent de Joe Alwyn.

Dans « Getaway Car », Taylor utilise l'image de deux criminels en fuite dans une voiture à toute vitesse comme une métaphore de sa relation avec Calvin Harris, vouée à l'échec. Elle la compare à sa relation avec Tom Hiddleston, représentée dans la chanson par une « voiture en cavale » qu'ils prennent pour s'éloigner de la scène de crime (de sa relation ratée avec le DJ).

Au KIIS FM's Jingle Ball 2017 à Inglewood en Californie.

Vengeresse sur la scène mythique de Wembley à Londres, le 22 juin 2018.

Dans « King Of My Heart », elle compare Joe au « roi de son coeur » après leur rencontre. Dans « Dancing With Our Hands Tied », elle se reflète sur une ancienne relation perdue.

« Dress » a des paroles explicitement sexuelles, ce qui ferait tomber dans les pommes la Taylor de *Fearless*. La chanson détaille les désirs et les envies de Taylor pour un autre amant. Comme son nom l'indique, la plupart des références sexuelles de la chanson sont véhiculées par des robes (« Only bought this dress so you could take it off »).

« This Is Why We Can't Have Nice Things » se moque de tous ses haters. Elle explique que cette chanson s'inspire de son expérience avec les médias. Elle faisait des fêtes, invitait beaucoup d'amies et avait sa « bande », ce qui a beaucoup été critiqué, au point qu'elle a dû se retirer complètement des lumières des projecteurs. On peut aussi se demander si elle ne ferait pas allusion à sa querelle avec Kanye.

« Call It What You Want » est une chanson pleine d'amour et de positivité sur le fait qu'elle ait retrouvé l'amour.

Enfin l'album se termine par « New Years Day » où Taylor dépeint le lendemain d'une fête de Nouvel An comme une métaphore pour parler de l'attachement aux personnes et aux souvenirs, qu'ils soient bons ou mauvais. C'est la chanson la plus simple de l'album, avec seulement un piano, qui vient terminer l'album en douceur après toutes ces chansons chargées aussi bien au niveau de l'instrumental que des paroles.

reputation

Comme d'habitude, l'album a été salué par les critiques, surtout pour la façon dont Taylor a sû dépeindre sa vulnérabilité et ses émotions lors des événements des dernières années. Certains ont appelé cet album un « désastre monumental » de par ce changement à l'electro-pop. Un magazine l'a même qualifié de bon album pop, mais l'a trouvé parfois terni par des « éléments EDM fatigués et répétitifs ». Bien que les critiques soient divisées, les chiffres, eux, ne mentent pas, l'album est un succès auprès des fans et Taylor fait parler d'elle dans le monde entier. Il est premier dans plusieurs pays et se vend par millions. Mais ces critiques divisées ont vite ressurgi lors des cérémonies d'awards. *Reputation* n'a reçu qu'une seule nomination aux Grammy Awards 2019 pour le Meilleur Album Pop. Dans le documentaire *Miss Americana,* Taylor parle de cette déception. Elle est sûre qu'il s'agit d'un bon album et se promet d'écrire un album encore meilleur que celui-là.

Reputation est vu par beaucoup de fans comme le meilleur de Taylor, elle a su prendre des risques et dire tout ce qu'elle pensait. Elle sort cet album alors qu'elle a une image des plus négatives dans les médias (notamment à cause du couple Kimye).
C'est son album « come back ». Bien que les critiques lors de la sortie étaient négatives, elles s'accordent toutes aujourd'hui à dire que l'album a bien vieilli et est devenu iconique de sa discographie. L'album est aussi sorti à un moment politiquement compliqué aux États-Unis avec les scandales de Trump et #MeToo. Beaucoup ont critiqué le silence de Taylor à ce propos et lui ont reproché de presque faire de l'album une « distraction ». En 2017, elle fait partie des « Silence Breakers » – un groupe de six femmes qui se sont publiquement exprimées contre les abus sexuels, sur la couverture de *Time*, après avoir poursuivi un animateur de radio qui l'a touchée sexuellement lorsqu'elle était plus jeune (Et elle a gagné ! Pour 1 dollar !). Sa vision du féminisme, comme souvent, a été critiquée, mais Taylor est restée silencieuse face aux critiques en ne faisant aucune presse pour l'album et a su passer outre ces remarques. Mais Taylor va réussir avec *Lover* à changer cette narration.

Deux prix pour la star lors des Billboard Music Awards 2018 à Las Vegas.

American Music Awards 2018.

Une certaine envie d'en découdre
avec son album *Reputation*.

Ère *Lover*

Après un album sombre et des sons electro-pop et EDM, Taylor revient en 2019 avec des sons plus doux, nostalgiques et romantiques. Cet album marque aussi la nouvelle relation de Taylor avec le label Republic Records, après la fin de son contrat avec Big Machine et Scott Borchetta. Taylor poste des indices sur ses réseaux sociaux à partir du 23 février 2019. Elle poste plusieurs images, avec des filtres très roses : son chat, elle dans des escaliers, des palmiers et même des poussins avec des lunettes de soleil. Son compte passe d'images sombres à des images pleines de couleurs. Toutes les légendes des posts indiquent la date du 26 avril (date de sortie du dernier *Avengers*, les fans pensaient qu'elle allait combattre Thanos mais non, rien à voir...). Même ses tenues sur les tapis rouges arborent des sequins et des paillettes. Les fans se doutent que quelque chose se trame. Le 26 avril, elle annonce la sortie de sa nouvelle chanson « ME! » en collaboration avec Brendon Urie, le chanteur du groupe Panic! At The Disco. Le clip sort en même temps, il débute avec un serpent qui se transforme en papillon : une nouvelle renaissance de Taylor. Dans ce même clip, on voit un chaton que Brendon lui offre en cadeau et dans la vraie vie elle décide de l'adopter : Benjamin Button rejoint Meredith Grey et Olivia Benson!

Il faudra attendre le 13 juin pour que Taylor annonce le nouvel album : *Lover*. Il sort le 23 août.

En pleine "lover era" aux MTV Video Music Awards 2019.

Jack Antonoff est le coproducteur majeur de cet album, il est présent sur 11 titres sur 18. Louis Bell (Post Malone, Justin Bieber) produit 3 titres, Frank Dukes (Lorde, Camila Cabello) pareil. Joel Little, qui a travaillé avec Lorde, Shawn Mendes et Marina Diamandis, coproduit 4 chansons. Enfin Sounwave, qui a produit les albums de Kendrick Lamar, coproduit « London Boy ». Ces producteurs sont aussi co-paroliers de certaines chansons. « Cruel Summer » a même l'honneur d'avoir été coécrite par la chanteuse St Vincent.

Taylor écrit trois chansons seule pour cet album : « Lover », « Cornelia Street » et « Daylight ».

Contrairement au prédécesseur *Reputation* avec ses tons sombres et son manque d'instruments acoustiques, *Lover* a des sons plus légers, plus lumineux et beaucoup moins de sons electro.

L'album se compose de 18 chansons, et s'ouvre avec « I Forgot That You Existed » où la chanteuse se débarrasse des soucis et des difficultés qu'elle a décrits tout au long de son précédent album. Cette chanson est très simple instrumentalement, on peut y voir une sorte de nonchalance.

« Cruel Summer » donne le thème à l'album : tous les amours que Taylor a pu vivre. Elle dira à Vogue en 2019 que *Lover* est une « lettre d'amour à l'amour, dans toute sa gloire folle, passionnée, excitante, enchanteresse, horrible, tragique, merveilleuse ». Dans cette chanson, elle parle de la fragilité et l'incertitude du début d'une relation d'été. Probablement de l'été 2016, sa rencontre avec Joe Alwyn alors qu'elle est déjà en couple avec Calvin Harris.

Au piano pour les American Music Awards 2019.

Ambiance fun et colorée aux MTV Music Awards 2019.

La chanson éponyme de l'album, « Lover », est romantique et dansante. Les paroles et le son prennent cette perspective de mariage pour aborder la relation de Taylor et Joe.

Dans « The Man », la chanteuse se met à la place d'un homme, comment on parlerait et on écrirait sur elle dans les médias si elle n'était pas une femme. Elle parle des doubles standards dans l'industrie de la musique. Elle est traitée de coureuse de jupons pour avoir fréquenté quelques hommes dans sa vingtaine, alors que les hommes sont applaudis pour la même chose.

Comme à chaque cinquième chanson de ses albums, « The Archer » met en scène Taylor vulnérable, qui parle de ses émotions. Elle se compare à un arc mais aussi à la cible, cette métaphore illustre sa capacité à infliger et à recevoir la douleur et le chagrin d'amour.

Dans « I Think He Knows », Taylor est pleine de confiance en soi pour parler de son attraction pour son petit ami.

« Miss Americana & The Heartbreak Prince » est une chanson que l'on peut interpréter de différentes façons : soit une histoire d'amour au lycée, soit les raisons pour lesquelles Taylor a décidé de s'exprimer sur la politique. Elle a inspiré le nom du documentaire *Miss Americana*.

« Paper Rings » est une chanson fun où Taylor confirme son engagement dans sa relation, au point d'accepter de l'épouser avec simplement des « bagues en papier ».

« Cornelia Street » est une rue à New York dans laquelle Taylor a habité lors des débuts de sa relation avec Alwyn. Dans cette chanson, elle se rappelle des moments ensemble dans cet appartement.

Elle s'est inspirée du film *Someone Great* pour « Death By A Thousand Cuts », elle y compare la rupture d'une relation à une mort lente et douloureuse.

« London Boy » est une lettre d'amour à Joe Alwyn, qui est britannique. Elle enchaîne les activités en Angleterre que Joe lui a fait découvrir : boire un verre dans un pub, les nuits à Brixton et les balades matinales à Soho.

« Soon You'll Get Better » est différente des autres chansons de l'album, c'est une lettre d'amour destinée à sa mère, diagnostiquée d'un cancer. Elle y parle des rendez-vous chez le docteur, des médicaments et des nuits blanches à penser à tout ça. Elle veut qu'elle aille mieux, on entend les émotions difficiles dans sa voix qui se brise plusieurs fois. La chanson est en featuring avec The Chicks (anciennement Dixie Chicks), le groupe préféré de sa mère.

« False God » utilise un langage religieux pour comparer sa relation avec Joe, à quelque chose de tout-puissant et de plus grand qu'eux. Elle utilise également un langage explicitement sexuel, comme dans « Dress » (*Reputation*).

« You Need To Calm Down » prouve que Taylor est officiellement investie dans la politique, elle parle des détracteurs sur internet contre la communauté LGBTQ+ mais aussi des femmes dans l'industrie musicale. Dans le clip, elle invite de grandes têtes de ces communautés : les animateurs de Queer Eye, Laverne Cox, des drag queens ou encore Katy Perry, avec qui elle s'est réconciliée.

"Shade never made anybody less gay !"

« Afterglow » est la 15e chanson de l'album. Elle y parle de sa façon de saboter ses relations avec une mauvaise communication. Elle demande pardon afin de sauver son couple.

« ME! » parle de l'amour de soi et de la confiance en soi, qu'elle encourage ses fans à avoir. Ce n'est pas la préférée des fans, de par son air de comptine pour enfants à certains moments.

Camila Cabelo, Taylor Swift et Halsey aux American Music Awards 2019 à Los Angeles.

« It's Nice To Have A Friend » raconte l'histoire d'un couple, de leur enfance à leur mariage, similaire à « Mary's Song » (*Taylor Swift*).
C'est « Daylight » qui clôt l'album. Elle passe en revue tous les amours qu'elle a vécus, revenant à la chanson « Red » (*Red*) où elle disait que l'amour était rouge, maintenant elle pense qu'il est doré. Taylor pense qu'elle n'a pas eu de chance en amour, mais qu'elle a maintenant trouvé l'élu de son cœur (difficile à lire quand on sait comment s'est terminée sa relation avec Joe…).

Contrairement à *Reputation*, avec *Lover* Taylor enchaîne les promotions et les apparitions télé. Elle dit être très fière de cet album et pense que c'est son meilleur à ce jour. C'est son 6e album et comme à son habitude, ses talents de parolière sont applaudis. Taylor est maîtresse dans ce domaine. On y sent une maturité émotionnelle que Taylor a su développer tout au long de carrière et qui se solidifie avec cet album. *Lover* finit 3e des meilleurs albums de l'année 2019 pour *Billboard* et 4e pour *Rolling Stone*. L'album est nommé pour l'Album Pop de l'Année aux Grammy Awards 2020, « You Need To Calm Down » pour la Meilleure Performance Pop Solo et « Lover » pour la chanson de l'année, mais malheureusement Taylor n'en remporte aucun, tellement la compétition est grande cette année-là avec Lizzo et Billie Eilish face à elle.
En totale opposition avec *Reputation, Lover* a changé l'image et la musique de Taylor. La transition est brutale entre les deux albums, mais on voit que Taylor a tourné la page, elle ne veut plus se venger et est maintenant concentrée sur l'amour qu'elle peut donner aux autres. *Lover* est peut-être sa meilleure œuvre à ce jour, elle montre qu'elle sait toujours se réinventer. Cet album est une œuvre émotionnelle et vulnérable, qui montre l'artiste sous toutes ses facettes, positives ou négatives, lorsqu'elle est amoureuse. On aimerait être Joe Alwyn pour avoir d'aussi belles chansons écrites sur nous !
En 2020, l'appel entre Taylor et Kanye fuite dans la presse et on apprend que Kim et Kanye avaient trafiqué la vidéo. La justice est enfin faite pour Taylor !

Avec sa guitare estampillée "*Lover*" aux MTV Music Awards 2019.

Ensemble veste et cuissardes assorties pour Taylor au gala Alibaba 11.11 Global Shopping Festival à Shanghai.

Ère *folklore*

Nous entrons dans la sombre année 2020, durant laquelle une certaine pandémie nous a obligés à nous isoler pendant plusieurs mois. Un confinement pour certains difficile, pour d'autres, une véritable opportunité pour développer sa créativité.

Le 27 avril 2020, Taylor poste sur ses réseaux sociaux un selfie avec, pour légende : « Il ne se passe pas grand-chose en ce moment ». En réalité, elle commençait à écrire et enregistrer un nouvel album.

Le 23 juillet, elle annonce que son nouvel album, *Folklore*, sort le même jour à minuit : « *Dans l'isolement, mon imagination s'est déchaînée et cet album en est le résultat, une collection de chansons et d'histoires qui ont coulé comme un flot de conscience. Prendre un stylo était ma façon de m'évader dans la fantaisie, l'histoire et la mémoire. J'ai raconté ces histoires du mieux que j'ai pu, avec tout l'amour, l'émerveillement et la fantaisie qu'elles méritent. Maintenant, c'est à vous de les transmettre. folklore est disponible maintenant.* »

Taylor s'entoure pour cet album de son acolyte de toujours, Jack Antonoff, du chanteur de The Nationals, Aaron Dessner, de Justin Vernon (Bon Iver) et enfin de William Bowery, pseudonyme de son petit ami, Joe Alwyn. L'album a été écrit et enregistré pendant le confinement, donc à distance les uns des autres. Taylor a dû se créer un studio de fortune dans une chambre d'ami. Pour les enregistrements des instruments, elle a dû faire appel à des musiciens qui ont enregistré dans les quatre coins des États-Unis. Pour ses albums précédents, Taylor Swift s'est beaucoup inspirée de ses propres expériences. Pour *folklore*, elle avait envie d'autre chose, d'explorer la fiction en inventant des histoires et en nous les contant à la troisième personne.

Rare apparition publique de Taylor en 2021, aux 63e Grammy Awards à Los Angeles.

L'album se compose de 16 chansons et une de plus dans l'édition deluxe. La production est différente de tout ce que Taylor a pu faire auparavant. Pour les critiques, cet album n'est pas pop mais plutôt alternatif et indie folk avec des instruments comme l'harmonica et des instruments à cordes. Chaque chanson raconte l'histoire de personnes inventées.

Il y a, par exemple, le triangle amoureux entre Betty, la jeune fille populaire, James, le garçon populaire et Augustine, la rebelle. L'histoire commence avec «cardigan», la deuxième chanson de l'album, du point de vue de Betty. Elle se remémore son ancienne relation avec ce garçon, James. Ils n'étaient pas faits pour être ensemble mais elle se sentait aimée avec lui, désirée et importante. Mais il l'a trompée. Elle le sentait arriver mais maintenant qu'il veut revenir à elle, elle n'est pas sûre de pouvoir à nouveau lui faire confiance.

"Running like water, leaving like a father"

Pour la huitième chanson de l'album, «august», on a le point de vue d'Augustine, avec qui James a trompé Betty. Augustine était intéressée par James alors qu'il était avec Betty. Puis un été, ils se rapprochent. Elle pense pouvoir ne pas s'attacher. Ils passent les mois de vacances dans des «draps froissés», à faire des virées en voiture. Mais quand les intentions de James changent, Augustine préfère s'éloigner de lui et le laisser retourner à Betty. Car elle sait qu'il ne lui appartient pas : «You weren't mine to lose» («Tu n'étais pas à moi»). Elle sent que ses sentiments pour lui ont changé, elle désire ce garçon avec qui elle se sentait vulnérable. Mais une partie de James a toujours appartenu à Betty.

Le chapitre du triangle amoureux se conclut dans la quatorzième chanson de l'album, «betty», du point de vue de James. Il explique pourquoi il a trompé Betty. Lors d'une fête, la chanson préférée de la jeune fille est passée mais comme James était introuvable, elle a dansé avec un autre garçon. Quand il a aperçu cette scène, il a fui et est tombé sur Augustine. Dans la chanson, il dit qu'il est jeune et qu'il ne sait rien. Il souhaite la reconquérir et lui montrer qu'il tient à elle.

Le triangle amoureux de cette trilogie de chansons est aussi captivant qu'une bonne série. James et Betty se sont-ils remis ensemble? Augustine a-t-elle su tourner la page?

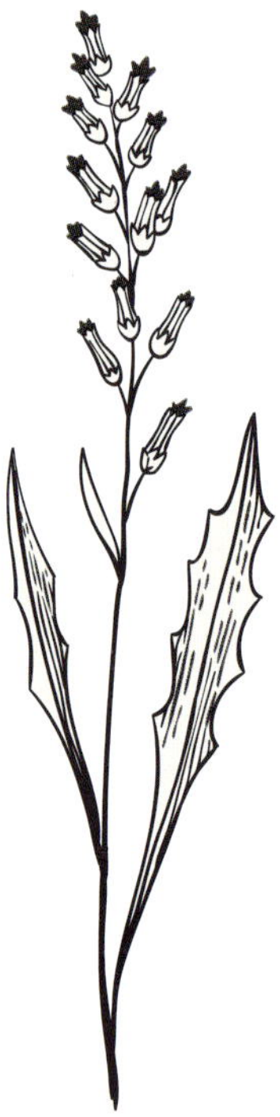

Fun fact : dans la chanson «betty», une fille du nom de Inez est mentionnée. Betty, Inez et James sont les noms des trois filles du couple d'amis de Taylor, Blake Lively et Ryan Reynolds!

Hormis ces trois chansons, les autres ont chacune leur propre histoire. L'album s'ouvre avec «the 1». Dans une réminiscence des amours perdus, elle s'imagine une vie alternative dans laquelle tous ses souhaits se seraient réalisés et auraient abouti à une relation avec un ancien amoureux.

"And if my wishes came true, it would've been you"

La troisième chanson de l'album, «the last great american dynasty», raconte l'histoire de la mondaine et mécène des arts, Rebekah Harkness. En 2013, Taylor a acheté une maison dans le Rhode Island qui appartenait à cette dame, elle explique qu'elle a toujours voulu raconter l'histoire de Rebekah mais n'a jamais su trouver une place pour ça dans ses anciens albums. Tout le long de la chanson, Taylor raconte la vie de Rebekah, de son mariage à un vieil homme riche à sa mort. Et juste avant la fin, elle change la chanson en passant de la 3e à la 1re personne pour raconter qu'elle a acheté cette maison qui lui appartenait. Elle compare sa vie à celle de Rebekah : les fêtes pleines de célébrités, les critiques et l'exposition.

«exile» est une chanson que Taylor a coécrite avec Joe Alwyn. Quand ils l'écrivent, elle le voit tout de suite comme un duo, Aaron Dessner l'aide à trouver un chanteur qui serait intéressé et c'est Justin Vernon, de son pseudonyme Bon Iver, qui accepte. Il écrit même le pré-refrain de la chanson. On écoute deux ex-amoureux qui expliquent chacun leur version de leur rupture, de ce qui s'est passé. Bon Iver décrit son incompréhension face à la rapidité avec laquelle son ex-petite amie est passée à autre chose, alors que Swift donne son point de vue sur les signes avant-coureurs de la fin. Bien que Taylor décide d'écrire sur des choses inventées, elle s'inspirera toujours de sa vie et de ses expériences personnelles pour certaines chansons, comme avec «my tears ricochet» où elle utilise la métaphore d'un enterrement pour parler de la fin d'une relation, peut-être en lien avec la fin abrupte de sa relation avec Scott Borchetta et du label Big Machine.

Dans «mirrorball» Taylor se compare à une boule à facettes pour exprimer comment elle se voit, sa façon de refléter toutes les personnalités qui l'entourent, à toujours vouloir divertir tout le monde, mais elle se casse en mille morceaux, comme du verre, quand son cœur se brise.

«seven» s'inspire d'un ami d'enfance de la chanteuse, qui n'avait pas une vie facile chez lui. La narratrice parle de son innocence de l'époque et de sa capacité à croire que les problèmes peuvent se résoudre seuls.

«this is me trying» est la deuxième chanson que Taylor écrit avec Joe. La narratrice y parle d'accepter ses responsabilités dans sa relation et d'essayer de résoudre les problèmes. Elle admet que les choses sont difficiles et incertaines, mais malgré les peurs, l'isolement et ce sentiment d'échec, elle essaye d'arranger les choses.

«illicit affairs» aborde le sujet de l'infidélité. Sujet qu'elle a déjà abordé dans son premier album avec «Shoud've Said No» (*Taylor Swift*), en la condamnant totalement. Mais dans cette chanson, elle est plus nuancée, presque compréhensive quand elle décrit le sentiment «d'euphorie fugace». Mais elle n'oublie pas non plus le chagrin et la souffrance que cela peut aussi apporter.

Dans «invisible string», Taylor s'inspire du mythe est-asiatique du «fil rouge du destin» qui relierait deux âmes sœurs. Elle pense que ce fil invisible l'a guidée vers Joe Alwyn, tout en remerciant ses ex qui, sans eux, cela n'aurait pas été possible. Comme avec «Red» (*Red*) et «Daylight» (*Lover*), elle utilise les couleurs pour décrire les sentiments et les événements.

«mad woman» reprend le concept de la «femme folle», vu dans «Blank Space» (*1989*). Que ce soit avec Scott Borchetta, Scooter Braun ou Kanye West, Taylor a toujours été décrite dans les médias comme une hystérique, une victime et une exagératrice, ce qui est commun pour toutes les femmes quand elles osent se défendre et ne pas se taire. La chanteuse dénonce cette vision sexiste à travers cette chanson.

La chanson «epiphany» rend hommage au personnel hospitalier et à leur courage lors de la pandémie. Elle les compare à des soldats au combat, comme son grand-père qui a fait la guerre du Guadalcanal.

Avec «peace» la narratrice montre sa maturité sur ses relations, anciennes et présentes, mais exprime son inquiétude concernant le manque de vie privée dans son couple et la possibilité que cela fasse fuir son amant.

«hoax» est la dernière chanson de l'album, la narratrice revient sur toutes les luttes d'une relation toxique, qu'elle est incapable de tourner la page. L'album se termine sur une note de tristesse et de désespoir.
Une édition deluxe sort le même jour avec la chanson «the lakes» en bonus. Les lacs mentionnés par Taylor font référence à la région des lacs, en Angleterre, connue comme l'endroit le plus romantique du Royaume-Uni.

"And isn't it just so pretty to think, all along there was some invisible string tying you to me."

Elle mentionne aussi cet endroit dans « invisible string ». Elle s'imagine un monde utopique sans réseaux sociaux où elle pourrait juste vivre en paix près des lacs. L'album se finit, de ce fait, sur une note plus heureuse et optimiste !

folklore est inattendu par le public et les critiques et il brise le cycle habituel de Taylor avec d'abord la sortie de plusieurs singles puis l'annonce d'un album. Ici, elle change les règles en annonçant le jour même que l'album sera disponible à minuit. Elle l'explique en disant : « Si vous faites quelque chose que vous aimez, vous devriez le diffuser au monde entier ».

Il change aussi de son style habituel, elle s'éloigne de la pop avec une production plus folk, plus douce et moins commerciale. Pour accompagner l'album, elle sort sur une plateforme de streaming en novembre 2020 *Folklore : The Long Pond Sessions*, où elle explique et joue les chansons, accompagnée de Jack Antonoff et Aaron Dessner.

Le jour de sa sortie, l'album brise tous les records en ayant le plus grand nombre de streams en une journée pour un album sur Spotify.

Les critiques considèrent *folklore* comme parfait, ils saluent son écriture introspective et le poids émotionnel. Certains le qualifient comme la meilleure œuvre de Taylor, subtile et raffinée à la fois. Beaucoup n'hésitent pas à lui donner la note maximale. À la fin de l'année, il finit premier de la liste des meilleurs albums de l'année pour *Billboard*, *Rolling Stone* et *Time*. Taylor disait dans le documentaire *Miss Americana* que *Lover* était sa dernière chance de succès mais *folklore* lui a prouvé le contraire. Elle a encore tellement à donner au monde de la musique.

Aux 63e Grammy Awards en 2021, elle remporte le prestigieux prix d'Album de l'Année ce qui ne laisse plus aucun doute sur le fait que *folklore* est bel et bien l'album de 2020.

folklore montre que Taylor n'en a pas fini de se réinventer, que sa créativité n'en finit plus et qu'elle saura toujours surpasser le travail qu'elle a déjà fourni. Sa volonté d'écrire du point de vue d'une narratrice tout en s'inspirant des événements qu'elle a vécus laisse à l'auditeur le choix d'interpréter la chanson comme il le souhaite. L'histoire du triangle amoureux James, Betty et Augustine nous fait nous investir dans l'album, on passe de « cardigan » à « august » puis « betty » en notant dans un coin de notre tête les détails de l'histoire, les versions de chacun. L'album en devient presque interactif.

folklore est incontestablement le meilleur travail de la chanteuse, de par son écriture imaginative, profonde et introspection à sa volonté d'essayer de nouvelles choses, créer sans contrainte et ne pas se limiter à ce qui se fait habituellement dans la musique. Taylor ouvre la porte aux autres artistes pour sortir du moule, pour se renouveler autant qu'ils le souhaitent et pour ne pas toujours suivre les règles imposées par l'industrie musicale. *folklore* est tout simplement un chef-d'œuvre (on repassera pour l'objectivité !).

Ère *evermore*

Le 22 novembre 2020, Taylor publie une photo d'elle sur les réseaux avec de nouveau la phrase « Il ne se passe pas grand-chose en ce moment », ce qui alerte immédiatement les fans. Que se passe-t-il ? Qu'a-t-elle encore planifié ? Eh bien, comme avec *folklore*, le 10 décembre 2020, elle annonce que son 9e album studio sort le soir même à minuit. Elle le décrit comme « la sœur de *folklore* ». Elle explique la sortie aussi rapide de ce nouvel album par le fait qu'elle n'arrivait plus à s'arrêter d'écrire, que les chansons coulaient à flots. C'est après l'enregistrement des *Long Pond Sessions* que Taylor, Aaron Dessner et Jack Antonoff se sont assis et ont continué à écrire de la même façon que pour l'album précédent. William Bowery (Joe Alwyn) et Justin Vernon sont aussi de retour comme co-paroliers de l'album. Plusieurs petits nouveaux rejoignent l'équipe : Bryce Dessner, le jumeau de Aaron, The National (groupe des Dessner) partagent la chanson « coney island » avec Taylor, BJ Burton (Eminem, Lizzo) et James McAlister sont producteurs de « closure », enfin le groupe HAIM est en featuring sur la chanson « no body, no crime ».

L'album se compose de 15 chansons et la version deluxe en a deux supplémentaires. L'album s'ouvre avec « willow », qui est aussi le premier single. Taylor décrit cette chanson comme ayant des airs de sorcière et de magie. C'est une chanson d'amour où la narratrice dit à l'homme qu'elle aime qu'elle ferait tout pour lui.

Taylor Swift arrive à l'Afterparty SNL avec Blake Lively le 14 novembre 2021 à New York.

«champagne problems» suit, et prend le contre-pied de la précédente. La narratrice se remémore le moment où elle n'a pas pu accepter la demande en mariage de son petit ami de longue date, ainsi que le chagrin qui s'en est suivi pour elle, pour lui et pour leurs proches. Taylor a déclaré que la chanson dépeint «des amours de longue date à l'université qui, pour la même soirée, avaient des plans très différents : l'un voulait mettre fin à la relation et l'autre avait apporté une bague». Les paroles sont déchirantes, et beaucoup de fans se sont retrouvés dans cette chanson.

«gold rush» parle de ce sentiment de jalousie lorsqu'on est attiré par quelqu'un de populaire, que l'on admire et pour qui tout réussit.

«dorothea» et «tis the damn season» sont toutes deux liées. «dorothea» raconte l'histoire d'une fille d'une petite ville qui décide d'aller réaliser ses rêves à Hollywood, le narrateur semble être un ancien amoureux de cette même petite ville. «tis the damn season» serait la continuation de cette chanson, avec Dorothea qui rentre dans sa ville natale et y retrouve le narrateur précédent pour passer des moments tendres ensemble avant qu'elle retourne à Hollywood.

Dans «tolerate it», la narratrice parle de ses difficultés à désirer l'amour d'un partenaire qui ne lui porte aucune attention.

«no body, no crime» est le premier featuring de l'album avec le groupe HAIM. Taylor retourne à ses racines country, elle y raconte une histoire de crime. Este, l'amie de la narratrice (et membre du groupe HAIM), pense que son mari la trompe. Elle disparaît du jour au lendemain et la narratrice pense immédiatement que le mari est responsable de sa disparition et décide qu'il doit payer. Ses amies et elle se débarrassent du mari et font tomber la maîtresse de ce dernier.

La chanson «happiness» dont la traduction française est «bonheur» ne parle étonnamment pas du tout de choses heureuses. Elle parle de tourner la page d'une relation qui se dégrade, tout en reconnaissant les moments de joie qui ont existé malgré le contexte destructif. En fin de compte, c'est une chanson pleine d'espoir : ce qui était mauvais était aussi bon par moment, et il y aura encore de bonnes choses à venir.

«coney island», le deuxième featuring et cette fois avec le groupe The Nationals (avec les frères Dessner!), est un morceau mélancolique qui évoque ce sentiment de perte et de nostalgie d'une relation et les efforts inégaux des deux partenaires.

La dixième chanson de l'album est «ivy» où Taylor raconte l'histoire d'une femme mariée qui tombe amoureuse d'une personne qui n'est pas son mari. C'est la troisième fois que la chanteuse chante sur l'infidélité dans les albums sœurs avec «illicit affairs» et «august».

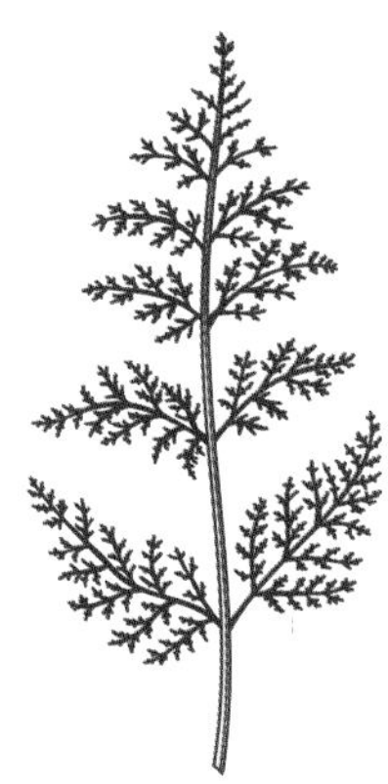

Avec « cowboy like me », elle retrouve à nouveau ses racines country (rien qu'avec le titre). Taylor raconte l'histoire de deux escrocs qui en jouant au chat et à la souris tombent amoureux l'un de l'autre.

Dans « long story short », Taylor revient sur la diabolisation qu'elle subit depuis 2016 suite à sa querelle avec Kanye West. Elle apparaît en paix et affirme qu'elle est passée à autre chose. Elle remercie Joe Alwyn, qu'elle a commencé à fréquenter à cette période et qui est resté à ses côtés.

« marjorie » est le treizième titre de l'album et est un hommage à sa grand-mère, Marjorie Finlay. On relie « marjorie » au treizième titre de l'album sœur, *folklore*, la chanson « epiphany » qui rend hommage à son grand-père. Marjorie est décédée en 2003, c'était une grande chanteuse d'opéra et c'est elle qui a encouragé Taylor à poursuivre sa passion et devenir chanteuse. Pour Taylor, Marjorie est à l'origine de sa musique. Dans la chanson, on peut entendre la voix d'opéra de sa grand-mère en arrière-plan.

« closure » est la chanson qui se démarque le plus de l'album avec une composition très différente des autres. La chanteuse y raconte la fin d'une amitié avec une personne qui lui est chère, quelqu'un qui a préféré se créer une nouvelle vie avec sa nouvelle famille et ses nouveaux amis. Il semblerait que ce soit inspiré de sa relation avec le mannequin Karlie Kloss, de qui elle s'est éloignée après que Karlie a été vue avec Scooter Braun et lui aurait donné des informations sur Taylor.

« evermore » clôt l'édition standard de l'album éponyme, en featuring avec Bon Iver, que l'on retrouve déjà dans *folklore*. Ce morceau retrace le voyage de la narratrice d'une période de profond désespoir et de dépression jusqu'à un lieu d'espoir.
La version deluxe contient deux chansons supplémentaires. « right where you left me » est une chanson country folk, Taylor y raconte le destin d'un amour qu'elle décrit comme « figé dans le temps ». Enfin, c'est « it's time to go » qui vient conclure l'album, qui peut se traduire par « il est temps de partir ». Taylor y dépeint des relations qui ont mal tourné, elle mentionne sa bataille avec son ancien label Big Machine qui a vendu les droits d'auteur de ses six premiers albums :

"Fifteen years, fifteen million tears
Begging 'til my knees bled
I gave it my all, he gave me nothing at all
Then wondered why I left
Now he sits on his throne in his palace of bones
Praying to his greed
He's got my past frozen behind glass
But I've got me"

evermore

Les critiques acclament cet album pour sa parenté et sa proximité avec *folklore* et sur la façon dont elle élargit ses horizons musicaux. Bien que *evermore* soit décrit comme la sœur de son prédécesseur, certains le voient comme plus progressif et plus audacieux. *evermore* explore les complications de l'amour adulte plus en profondeur et présente les compositions les plus osées et les plus riches de Taylor. *Variety* le place numéro un dans sa liste des meilleurs albums de l'année et *Rolling Stone* le place en deuxième de son top 20 de 2020. L'album est nommé pour l'Album de l'Année aux Grammy Awards 2022 mais ne le remporte pas. Le Guinness World Records donne à Taylor le record d'intervalle le plus court entre deux nouveaux albums numéro 1 au Top 200 Billboard des États-Unis (femmes).

Avec *evermore,* Taylor brise son cycle de sortie d'album en attendant seulement 5 mois après *folklore*. Cet album est crucial dans sa carrière et sa créativité. Elle s'éloigne de son image de pop-star aux musiques commerciales. Les deux albums montrent à quel point la pandémie a changé la façon de créer de la musique, et Taylor a été une des plus productives musicalement lors de cette période. *folklore* et *evermore* ont également fait connaître le chanteur, parolier et producteur Aaron Dessner au grand public. Il a d'ailleurs dit que Taylor avait changé une grande partie de sa vie, beaucoup d'artistes sont venus vers lui pour enregistrer à son Long Pond Studio, comme Ed Sheeran, Gracie Abrams et Girl In Red.

evermore vient compléter *folklore* dans le rôle d'une sœur, grande ou petite, à chacun de décider !

Taylor, le 27 juin 2023, avec une petite blouse champêtre, qui n'est pas sans nous rappeler l'époque *folklore* et *evermore* !

Ère *Midnights*

Après la sortie de *Fearless (Taylor's Version)* et de *Red (Taylor's Version)* en 2021, les fans pensaient que suivraient les 4 autres albums que la chanteuse doit encore réenregistrer. Mais le 28 août 2022, alors qu'elle accepte le prix de la vidéo de l'année aux MTV Video Music Awards, elle annonce un nouvel album studio dont la sortie est prévue pour le 21 octobre 2022. À minuit, Taylor publie sur ses réseaux que son dixième album studio s'intitule *Midnights*. Elle décrit l'album comme « les histoires de 13 nuits blanches éparpillées dans ma vie ». L'album se compose en quatre thèmes principaux selon la chanteuse : la haine de soi, les fantasmes de vengeance, se demander ce qui aurait pu être, tomber amoureux et s'effondrer.

Jack Antonoff est coproducteur de l'album, on retrouve Aaron Dessner de nouveau, Sounwave qui avait participé à *Lover*, Braxton Cook, Jahaan Sweet et Keanu Beats comme producteurs sur d'autres chansons. Joe Alwyn, sous le pseudonyme William Bowery, coécrit « Sweet Nothing » avec Taylor, et l'actrice Zoë Kravitz est une des parolières de « Lavender Haze ».

Avec *Midnights*, Taylor signe son retour à la pop après les deux albums folk *folklore* et *evermore*, avec des sons plus commerciaux et une approche alternative aux sons synthpop.

Elle annonce le titre de chaque chanson dans une série de vidéos nommée « Midnights Mayhem With Me » (« La folie de minuit avec moi ») sur les réseaux sociaux chaque semaine avant la sortie de l'album, en donnant quelques explications sur le thème de chacune.

Taylor Swift assiste à l'after party de Republic Records MTV VMA 2022 à la Fleur Room de Chelsea le 29 août 2022 à New York.

Midnights

Plusieurs éditions de l'album paraissent. Alors que *Midnights* paraît à minuit le 21 octobre, Taylor annonce qu'à 3 heures du matin l'édition « 3AM » sortira avec sept chansons supplémentaires. En mai 2023, Taylor sort l'édition « Til Dawn », avec une chanson inédite, « You're Losing Me », et deux réenregistrements de la version standard : « Karma » en featuring avec la rappeuse Ice Spice et « Snow On The Beach » avec encore plus de Lana Del Rey !

L'album s'ouvre avec « Lavender Haze », une chanson d'amour qui parle des débuts d'une relation. L'expression « lavender haze » date des années 1950 et renvoie à l'état de pure inconscience lorsque l'on tombe amoureux. Taylor parle de son désir de se concentrer sur sa passion amoureuse plutôt que de se laisser influencer par les remarques négatives des médias et des personnes sur les réseaux sociaux.

On peut voir « Maroon » comme une version plus adulte et plus mature de la chanson « Red ». Bien que les nuances de rouge étaient une constante dans ses relations, la couleur bordeaux est plus sombre, ce qui laisse place à la complexité et l'honnêteté.

« Anti-hero » est le premier single de l'album et se concentre sur la mauvaise estime de soi, les complexes et les insécurités en tant que figure publique. Lorsque Taylor parle de la chanson, elle dit « Je souffre beaucoup de l'idée que ma vie est devenue ingérable », et décrit la chanson comme une « visite guidée » des choses qu'elle déteste chez elle.

« Snow On Beach » est la seule collaboration sur l'édition standard de l'album. Taylor collabore avec la chanteuse Lana Del Rey, qui est très proche du producteur Jack Antonoff. Le morceau raconte ce phénomène rare de deux personnes qui tombent simultanément amoureuses l'une de l'autre, comme de la neige sur une plage. À la sortie de « Snow On the Beach », Taylor reçoit des critiques de la part des fans et de la presse pour avoir continué à reléguer les artistes féminines présentes dans ses chansons à de simples chœurs, de les utiliser seulement pour des vocalises en arrière-plan alors que les artistes masculins avec qui elle a collaboré ont tous eu le droit à des couplets entiers en solo. En conséquence, une nouvelle version de la chanson a été publiée sur la réédition de l'album, « Til Dawn Edition » en mai 2023, avec l'un des couplets chanté par Lana à la place.

Taylor Swift aux 65e GRAMMY Awards le 05 février 2023 à Los Angeles, Californie.

« You're On Your Own Kid » raconte l'histoire d'une personne qui aspire à l'amour mais qui comprend au fur et à mesure qu'elle sera toujours seule dans les épreuves de la vie. La musique s'amplifie à mesure qu'elle mûrit. Au moment du bridge, on a un aperçu de comment Taylor perçoit l'évolution de sa carrière : elle écrit une chanson, brûle les paroles ou les lettres en cendres. Puis, elle se retrouve seule à chercher comment être elle-même.

« Midnight Rain » raconte l'histoire d'un couple dont les projets diffèrent : l'homme cherche une partenaire avec qui se marier, avoir des enfants, se poser et une femme qui veut « se faire un nom », se concentrer sur sa carrière.

Dans « Question… ? » Taylor se remémore une relation passée. Elle espère qu'ils arriveront tous deux à tourner la page et arrêter d'essayer de renouer des liens malgré le fait que la relation n'ait pas fonctionné. Le morceau s'ouvre sur une interpolation de « Out of the Woods » (*1989*). Comme « Question… ? », « Out of the Woods » est une chanson qui évoque les souvenirs d'une relation aujourd'hui disparue.

Taylor Swift aux MTV VMA 2022 au Prudential Center le 28 août 2022 à Newark, New Jersey.

« Vigilante Shit » évoque une femme qui cherche à se venger d'un homme qui lui a fait du mal, au lieu de se morfondre. On y voit un parallèle avec la vie de Taylor et les *dramas* avec Scooter Braun.

Dans « Bejeweled », Taylor chante qu'elle ne se sent pas appréciée à sa juste valeur par son partenaire et pour riposter, elle décide de sortir un soir en ville et faire comme si elle était célibataire. Même si son petit ami se fiche d'elle, elle peut toujours illuminer une pièce entière quand elle y rentre. *You go girl !*

Dans « Labyrinth », Taylor tombe amoureuse peu de temps après un événement qui l'a touchée. Elle ne pensait jamais s'en remettre et pourtant, elle se surprend à aller mieux auprès de cette nouvelle personne.

Avec « Karma », Taylor avertit les personnes qui lui ont fait du mal des conséquences de leurs actions. Elle aime l'idée que le karma lui rende justice en s'occupant de ces personnes.

« Sweet Nothing » est l'unique chanson de cet album qu'elle a écrite avec son petit ami de l'époque, Joe Alwyn. C'est une chanson d'amour lente et douce, qui parle des mots d'amour échangés dans un couple que l'on appelle communément en anglais « sweet nothings ». La chanteuse aime la paix qu'elle a trouvée dans cette relation. Notre cœur est brisé en l'écoutant quand on sait qu'ils se sont séparés peu de temps après la sortie.

Midnights

« Mastermind » clôt la première édition de l'album, elle raconte la manigance qu'elle a menée pour conquérir Joe. Lorsqu'elle lui explique ses manigances, son petit ami sourit car il se doutait déjà qu'elle était capable de ce genre de choses.

La 3AM Edition, sortie 3 heures après l'édition standard, contient six chansons supplémentaires.
« The Great War » décrit un conflit dans un couple, mais malgré tout ça ils survivent à « la Grande Guerre » en promettant de toujours s'aimer.
Dans « Bigger Than The Whole Sky », Taylor parle de la perte d'un être cher avec qui elle a passé peu de temps mais à qui elle tenait énormément. Beaucoup spéculent sur le fait qu'elle parlerait d'une fausse couche ou de la perte d'un proche, mais Taylor laisse la question ouverte pour que chacun puisse aussi se retrouver dans la chanson.

« Paris » parle de sa relation hyper médiatisée, qu'elle souhaiterait garder privée. Malgré les distractions, ils vivent leur relation en privé et sont trop absorbés l'un sur l'autre pour s'intéresser à ce qui les entoure.
« High Infidelity » aborde le sujet de l'infidélité que Taylor adore chanter. Elle dépeint une relation instable et à quel point la tromperie blesse les deux parties du couple. Elle parle du 29 avril, que certains expliquent comme la soirée où elle aurait trompé Calvin Harris avec l'acteur Tom Hiddleston.
« Glitch » est une réflexion sur une relation qui n'aurait jamais dû exister, une amitié qui s'est transformée en quelque chose de plus fort.

« Would've, Could've, Should've » est comme une suite plus mature et plus adulte de « Dear John » (*Speak Now*). Elle y raconte la douleur et la souffrance qu'elle a ressenties après sa relation avec un homme plus âgé qui lui a volé sa jeunesse.

« Dear Reader » clôt *Midnights* dans son ensemble. On a le point de vue d'une chroniqueuse qui souhaite donner des conseils à ses auditeurs.

Une édition spéciale des CD est disponible à la vente et on y retrouve « Hits Different ». Taylor y raconte un état de déchirement après une rupture, une souffrance comme elle n'en a jamais connu. La chanson est devenue disponible en streaming sur toutes les plateformes lors de la sortie en mai 2023 de la nouvelle édition de l'album « Til Dawn ».
Cette version contient aussi une chanson inédite, seulement disponible sur le CD. « You're Losing Me » raconte le moment où Taylor a compris que sa relation avec Joe Alwyn était en train de dépérir et qu'il la perdait. On y comprend les raisons de leur rupture :
« Je me suis battu dans ton armée, sur la ligne de front, ne m'ignore pas
Je suis la meilleure chose à cette fête (Tu me perds)
Et je ne me marierai pas avec moi non plus
Une personne qui veut pathologiquement plaire aux gens
Qui voulait seulement que vous la voyiez »

*"Fighting in only your army
Frontlines, don't you ignore me
I'm the best thing at this party
(You're losin' me)
And I wouldn't marry me either
A pathological people pleaser
Who only wanted you to see her"*

Midnights

Midnights brise tous les records au Guinness World Records quand il est publié :
L'album le plus écouté sur Spotify en 24 heures
Plus grand nombre de streams d'un album au cours de la première journée sur Spotify
Plus grand nombre de streams d'un album sur Spotify au cours de la première journée (Femme)
Album en vinyle le plus vendu (USA)
Album en vinyle le plus rapidement vendu (USA)
Album le plus diffusé sur Amazon Music en 24 heures.

Les critiques l'acclament, c'est le retour de Taylor à la pop et le public ne pourrait pas être plus heureux. Certains parlent d'un mélange entre *1989*, pour ses rythmes pop, et *folklore* et *evermore* pour la vulnérabilité et profondeur des paroles.

Midnights est sûrement son écriture la plus franche et la plus confiante de sa discographie. Taylor Swift prouve avec cet album qu'elle est bien plus qu'une chanteuse de country ou qu'une pop-star, elle représente toute l'industrie musicale.

Taylor Swift lors de la 65e cérémonie des Grammy Awards, le 5 février 2023

TAYLOR'S VERSION

Taylor's version

En 2019, Scooter Braun, agent et producteur de musique, achète les droits des 6 premiers albums de Taylor Swift, après avoir racheté son ancien label Big Machine via sa société Ithaca Holdings. La transaction s'élèverait à 400 millions de dollars, de l'album de 2006 *Taylor Swift* à *Reputation*.
Le contrat de Taylor avec Big Machine Label Group s'est terminé en 2018. Elle a ensuite signé chez Republic Records, une division d'Universal Music Group pour la suite de sa carrière.
En novembre 2020, Braun a vendu les masters à Shamrock Holdings, une société américaine de capital-investissement aux conditions d'acquisition douteuses : Braun et Ithaca Holdings continueront à bénéficier des albums sur le plan financier. Autrement dit, Taylor Swift vient de perdre ses droits d'auteur sur ses albums.

Ses albums ne lui appartiennent plus. Les enregistrements originaux génèrent des revenus par le biais de multiples voies, notamment le streaming et la consommation, le sampling, la diffusion publique, l'utilisation à la télévision, au cinéma et dans les publicités. Elle perd tout l'aspect financier. 6 albums, plus de 10 ans de travail, vendus à on ne sait qui sans son accord. Mais heureusement pour elle, il lui reste son droit moral : ce sont ses œuvres, ses mots, ses mélodies.

Lorsque l'annonce a été faite, le public et ses fans sont tombés de très haut. Taylor a tout de suite réagi sur les réseaux sociaux :
« (...) J'ai dû faire le choix atroce de laisser derrière moi mon passé. La musique que j'ai écrite sur le sol de ma chambre et les vidéos que j'ai imaginées et payées avec l'argent que j'ai gagné en jouant dans des bars, puis des clubs, puis des arènes, puis des stades.

Quelques faits amusants sur l'actualité d'aujourd'hui : j'ai appris l'achat de mes masters par Scooter Braun au moment où il a été annoncé au monde entier. Tout ce qui m'est venu à l'esprit, c'est le harcèlement incessant et manipulateur qu'il m'a infligé pendant des années.

La chanteuse est vue sur Main Street lors du Sundance Film Festival le 23 janvier 2020 à Park City.

(...) Aujourd'hui, Scooter m'a dépouillée de l'œuvre de ma vie, que je n'ai pas eu la possibilité d'acheter. En fait, mon héritage musical est sur le point de reposer entre les mains de quelqu'un qui a essayé de le démanteler.

C'est mon pire scénario. C'est ce qui se passe lorsque vous signez un contrat à quinze ans avec quelqu'un pour qui le terme "loyauté" n'est manifestement qu'un concept contractuel. Et quand cet homme dit "la musique a de la valeur", il veut dire que sa valeur est redevable à des hommes qui n'ont pas participé à sa création. (...)

Triste et dégoûtée,
Taylor »

En août 2019, elle annonce publiquement sa volonté de réenregistrer ses 6 albums qui lui ont été volés. En faisant ça, elle s'assure que ses nouvelles versions seront jouées par les fans et utilisées à des fins commerciales, et pas les versions détenues par l'ancien label. Elle veut se réapproprier ses œuvres. Elle peut légalement commencer à les réenregistrer à partir de novembre 2020 et c'est ce qu'elle compte faire.

Taylor Swift avec le président de Big Machine Records Scott Borchetta (au centre) et Sandy Borchetta dans les coulisses des CMT Awards 2008 à Nashville.

Le 14 novembre 2019, Taylor revient sur les réseaux avec un appel à l'aide pour ses fans. Elle est censée être honorée du prix de l'artiste de la décennie aux American Music Awards, et ainsi performer ses hits des années 2010. Mais ses œuvres appartiennent maintenant à une entité extérieure et elle écrit :

« *Scott Borchetta et Scooter Braun ont déclaré que je n'étais pas autorisée à interpréter mes anciennes chansons à la télévision parce qu'ils prétendent que cela reviendrait à réenregistrer ma musique avant que je ne sois autorisé à le faire l'année prochaine.*
(...)
Scott Borchetta a dit à mon équipe qu'ils ne m'autoriseraient à utiliser ma musique que si je faisais ces choses : si j'accepte de ne pas réenregistrer des versions copiées de mes chansons l'année prochaine (ce que je suis légalement autorisée à faire et que j'attends avec impatience) et a également dit à mon équipe que je devais arrêter de parler de lui et de Scooter Braun.
(...)

Le message qui m'est envoyé est très clair. En gros, sois une bonne petite fille et tais-toi. Ou tu seras punie."

Taylor supplie ses fans de partager ce qui lui arrive afin qu'elle puisse utiliser ses œuvres sans avoir à subir les menaces de Borchetta et Braun.
Et le fait de partager publiquement fonctionne puisque quelques jours plus tard, elle performe sur la scène des American Music Awards ses chansons des années 2010 comme « Love Story », « Blank Space » ou encore « I Knew You Were Trouble ». Elle commence d'ailleurs la performance avec sa chanson « The Man », une petite pique bien méritée envers les deux hommes de ses cauchemars !

Le 11 février 2021, Taylor annonce la sortie de *Fearless (Taylor's Version)*, album qui contient 26 chansons, 20 chansons de l'album de 2008 et 6 chansons « From the Vault', inédites qu'elle avait écrit à l'époque mais n'avait pas mis sur l'album. C'est l'album le plus attendu de l'année, surtout le single « Love Story (Taylor's Version) qui était son plus grand tube à l'époque et qui rend nostalgiques tous les fans. Un extrait est diffusé dans une pub pour la marque de gin de son ami, l'acteur Ryan Reynolds, quelques semaines avant l'annonce. La chanson sort le même jour que l'annonce de l'album.

Le 25 mars 2021, elle sort la première chanson « From The Vault », en featuring avec la chanteuse country Maren Morris, « You All Over Me », puis « Mr Perfectly Fine » le 7 avril 2021.
L'album sort le 9 avril 2021, après qu'elle a fait deviner les titres des 4 autres chansons « From The Vault » avec des anagrammes sur les réseaux sociaux. On retrouve, en plus de Maren Morris, Keith Urban sur ses chansons. Elle fait aussi appel à Jack Antonoff, son collaborateur de toujours, pour l'aider à enregistrer ses 6 chansons. Sur l'album, Colbie Caillat est elle aussi revenue pour réenregistrer sa voix sur la chanson « Breathe ».
L'album est le même que celui de 2008, elle n'a pas changé les paroles ni les mélodies. Le seul changement que l'on remarque est bien sûr sa voix, qui a bien mûri depuis 2008.

C'est une réussite, les critiques l'applaudissent pour cet acte de revanche et pour avoir su garder l'âme de *Fearless (2008)* dans cette nouvelle version. Malheureusement, l'album ne peut pas être nommé aux Grammy Awards, mais il gagne l'album de l'année dans notre cœur.
L'album finit premier du Top 200 Billboard et Top 100 Country Billboard alors que la version de 2008 est à l'oubli et perd 19 % de ses streams. On trinque à ça !

Sur scène en concert lors de l'étape du *Fearless* Tour, le 12 mars 2009 à Sydney.

Le 18 juin 2021, Taylor partage sur les réseaux que *Red (Taylor's Version)* sort le 19 novembre 2021 et contiendra les 30 chansons originalement écrites pour *Red* en 2012. En plus des 20 chansons originales de l'album volé, Taylor annonce 10 nouvelles, dont une version de dix minutes de sa chanson adorée des fans, « All Too Well ». Ed Sheeran et Gary Lightbody reviennent pour réenregistrer leurs voix sur les duos « Everything Has Changed » et « The Last Time ». Ed Sheeran participe aussi à la chanson « Run (From The Vault) ». Dans les dix nouvelles chansons se trouvent aussi deux nouveaux duos, « I Bet You Think About Me » avec le chanteur country Chris Stapleton et « Nothing New » avec Phoebe Bridgers. La chanson « Ronan » que Taylor avait écrite en 2012 pour un petit garçon de 3 ans décédé d'un cancer en 2011, une chanson très chère pour la mère du petit qui a toujours admiré Taylor pour ce geste, est aussi présente dans l'album. Elle enregistre deux chansons qu'elle avait écrites pour d'autres artistes : « Better Man », écrite pour Little Big Town, et « Babe », pour Sugarland (où elle est en featuring sur l'originale.). Pour ces deux chansons, elle se les réapproprie avec une composition différente, mais sans s'éloigner complètement des originales.

Contrairement à *Fearless (Taylor's Version),* Taylor promeut ce deuxième réenregistrement avec deux clips. D'abord un court métrage pour « All Too Well (10 Minutes Version)(Taylor's Version) » avec les acteurs Sadie Sink (Stranger Things) et Dylan O'Brien (Teen Wolf, Le Labyrinthe) dans les rôles, vraisemblablement, de Taylor et Jake Gyllenhaal. Celui-ci remporte le Grammy Awards du Meilleur Clip en 2023.

Elle sort ensuite, le 15 novembre 2021, un clip pour « I Bet You Think About Me (Taylor's Version) », réalisé par son amie de longue date Blake Lively et mettant en scène l'acteur Miles Teller (Divergente, Top Gun : Maverick).

Lors de sa sortie, *Red (Taylor's Version)* brise tous les records. L'album détient le record du plus grand nombre de streams en une seule journée pour un album d'une artiste féminine et a la plus grosse semaine de vente de vinyles de l'histoire. Bravo Taylor !

Arrivée au théâtre AMC Lincoln Square 13 pour la projection de son court métrage "All Too Well", le 12 novembre 2021 à New York.

L'artiste est vue dans
l'Upper West Side
le 11 juin 2022
à New York.

Avant le début du Eras Tour, Taylor publie 4 chansons qu'elle a enregistrées pour *Taylor's Version*. Elle ajoute à *Red (Taylor's Version)* : « Eyes Open » et « Safe and Sound », qu'elle avait d'abord enregistrées en 2012 pour le film *Hunger Games*. Puis « If This Was A Movie », originalement sur *Speak Now* mais elle décide de l'ajouter à *Fearless (Taylor's Version)*, probablement pour que *Speak Now (Taylor's Version)* reste un album écrit en totalité par elle. Puis, « All Of The Girls You Loved Before » à l'album *Lover*.

En plein concert du Eras Tour à Nashville le 5 mai 2023, Taylor annonce la sortie de *Speak Now (Taylor's Version)* le 7 juin 2023, en référence au 9 juin mentionné dans la chanson « Last Kiss ». Un mois avant la sortie de l'album, elle annonce la setlist de l'album. 6 nouvelles chansons « From The Vault », dont deux featurings : un avec Fall Out Boys et un autre avec Hayley Williams, la chanteuse de Paramore.

Le 7 juillet 2023, le troisième album « Taylor's Version » sort. « Speak Now (Taylor's Version) » se compose des 16 chansons de l'album original et 6 chansons inédites donc deux featurings, avec Fall Out Boy et Hayley Williams du groupe Paramore. L'album fait bien entendre que Taylor a grandi, 13 ans après la sortie initiale de « Speak Now » (encore le chiffre 13… Taylor ne laisse rien au hasard). Sa voix est plus mature et forte.
Elle décide de changer les paroles de la chanson « Better Than Revenge » qui sonnait assez misogyne. Les fans sont déçus mais on peut comprendre qu'à 32 ans Taylor ne pense plus comme une adolescente de 19 ans.

Pour la sortie de cet album, la nouvelle chanson « I Can See You (Taylor's Version) (From The Vault) » a son propre clip. On y retrouve l'acteur Taylor Lautner (son ex petit ami sur qui elle avait écrit la chanson « Back To December ») ainsi que les actrices Joey King et Presley Cash, toutes deux présentes en 2010 dans le clip de « Mean ». Dans cette vidéo, les trois viennent sauver Taylor, enfermée dans un coffre fort. Ils l'aident en quelque sorte à sauver sa musique volée.

La troisième réédition est un succès, « Speak Now (Taylor's Version) » est l'album le plus streamé en 24h de l'année. Cela montre une nouvelle fois que la décision de Taylor de réenregistrer ses albums afin qu'ils lui appartiennent était la bonne.

Le 20 novembre 2022, Taylor se rend aux American Music Awards, nominée six fois. Elle arbore ses longs cheveux blonds bouclés... très *Speak Now*, n'est-ce-pas?

Pour chaque album, Taylor change la couverture, tout en gardant une esthétique similaire pour chacun. Avec *Fearless (Taylor's Version)* elle pose dehors, l'air paisible et libre avec une blouse aux airs de contes de fées. Elle garde ce code couleur jaune doré, comme avec *Fearless (2008)*. Pour *Red (Taylor's Version)*, elle pose dans une voiture et porte des vêtements automnaux, qui rappellent l'esthétique de l'album, aux lèvres rouges. Sans oublier la bague «Red» qu'elle portrait en 2012! *Speak Now (Taylor's Version)* est plus simple, Taylor dans une robe en tulle violette (un clin d'œil à sa robe de la couverture originale) et ses cheveux bouclés comme à l'époque.

Fearless (Taylor's Version) et *Red (Taylor's Version)* dépassent en 2023 le nombre d'écoutes des albums volés sur les plateformes de streaming. Taylor a réussi son pari, notamment grâce à ses fans qui l'ont soutenue dans ce sauvetage musical de l'extrême! Avec *Taylor's Version*, Taylor s'est imposée comme véritable détentrice de son art. Elle met aussi en évidence un réel problème dans le monde musical, où les artistes ne sont pas propriétaires de leurs propres œuvres à cause des gros labels qui ont soif d'argent et de pouvoir. On espère que grâce à Taylor, les choses changeront pour le mieux.

LES TOURNÉES

Les premiers concerts

Avant de sortir son premier album en 2006, Taylor chante là où on l'accueille : des bars, des cafés, dans la rue, à des anniversaires. Elle dit oui à tout pour avoir l'opportunité de se faire connaître. Et on sait que c'est ce qui se passer pour sa rencontre avec Scott Borchetta au Blue Bird Cafe. Quand *Taylor Swift* sort, Taylor ne fait pas de tournée propre à cet album mais elle se produit dans plusieurs émissions, fait une tournée des radios américaines et fait la première partie de chanteurs country comme Rascall Flatts, Tim McGraw ou encore Faith Hill.

Taylor Swift se produit sur la scène du concert VAULT lors du festival de musique CMA 2008, le 5 juin 2008 à Nashville.

Fearless Tour

Il faudra attendre *Fearless* pour que la jeune chanteuse embarque dans sa première tournée. Du 23 avril 2009 au 10 juillet 2010, Taylor donne 105 représentations, la plupart en Amérique du Nord, six en Europe, huit en Australie et une en Asie. Ce sont les artistes Kellie Pickler et Gloriana qui ouvrent chaque soir pour Taylor. Pour chaque concert, elle performe 16 chansons, issues de ses deux premiers albums :

Représentation au Madison Square Garden le 27 août 2009 à New York.

Setlist

You Belong with Me
Our Song
Tell Me Why
Teardrops on My Guitar
Fearless
Forever & Always
Hey Stephen
Fifteen
Tim McGraw
White Horse
Love Story
The Way I Loved You
You're not Sorry
Picture to Burn
I'm Only Me When I'm With You
Should've Said No

Elle commence avec cette tournée sa tradition d'inviter des chanteurs sur scène avec elle pour performer une ou deux chansons avec eux. C'est John Mayer qui ouvre le bal, le 22 mai au Staples Center à Los Angeles. Ils ont interprété « Your Body Is a Wonderland », de John, et « White Horse ». Puis c'est Faith Hill qui est l'invitée spéciale du concert du Sommet Center du 14 septembre à Nashville. Elles ont toutes deux interprété la chanson « The Way You Love Me » de Hill. Enfin, la chanteuse Katy Perry, avant leur brouille des années plus tard, rejoint Taylor le 14 avril 2010 à Los Angeles pour chanter « Hot N' Cold ».

La tournée est une réussite, les billets se vendent quasiment instantanément. C'est le début de la success story de Taylor.

Speak Now Tour

Pour sa deuxième tournée, Taylor se rend en Europe, en Asie, en Australie et aux États-Unis pour 111 shows du 9 février 2011 au 18 mars 2012. Ce sont 17 artistes différents qui ouvrent pour elle pendant l'intégralité de la tournée. Taylor performe 17 chansons chaque soir, ainsi que des reprises de chansons connues :

Setlist

Sparks Fly
Mine
The Story of US
Our Song
Mean
Back to December
Better Than Revenge
Speak Now
Fearless
Last Kiss
You Belong with Me
Dear John
Enchanted
Haunted
Long Live
Fifteen
Love Story

Elle reprend, entre autres, « Sugar We're Going Down » de Fall Out Boys, « Lose Yourself » de Eminem, « Unpretty » de TLC, « Who Knew » de Pink, et une dizaine d'autres chansons pendant la tournée.

Plusieurs chanteurs la rejoignent sur scène : Justin Bieber, Jason Mraz, Nicki Minaj, Tal Bachman, Hayley Williams, Ronnie Dunn, Usher, T.I., B.o.B, Shawn Colvin, Darius Rucker, Nelly, Flo Rida, James Taylor et enfin Selena Gomez. C'est que Taylor est bien entourée !

Chacun des 111 spectacles a été vendu quelques minutes après sa mise en vente. Plus de 1,3 million de fans autour du monde sont venus la voir en concert. La tournée s'est classée dixième dans le « Top 50 Worldwide Tour (Mid-Year) » de Pollstar et a rapporté plus de 40 millions de dollars. À seulement 21 ans, Taylor Swift tournait déjà comme les professionnels avec 20 ans d'expérience. Et ce n'était que le début.

Taylor Swift joue sur scène à Ahoy à Rotterdam, lors du *Speak Now* Tour le 7 mars 2011.

Red Tour

La troisième tournée débute le 13 mars 2013 à Omaha aux États-Unis et se termine 86 concerts plus tard le 12 juin 2014 à Singapour. C'est Ed Sheeran qui ouvre ses concerts pour la tournée nord-américaine, ainsi que 5 autres artistes. Pour le reste, 9 artistes différents se partagent les autres dates.
Elle chante 16 chansons :

Setlist

State of Grace
Holy Ground
Red
You Belong with Me
The Lucky One
Mean
Stay Stay Stay
22
Everything Has Changed
Begin Again
Sparks Fly
I Knew You Were Trouble
All Too Well
Love Story
Treacherous
We Are Never Ever Getting Back Together

La chanteuse se produit devant une foule à guichets fermés le 2 juin 2013 lors de son arrêt *Red* Tour à Denver.

Elle introduit dans cette tournée encore une nouvelle tradition (qui perdure encore en 2023) : celle de chanter une « chanson surprise » qui ne se trouve pas sur la setlist originale et qui change à chaque concert.
Comme à son habitude, elle invite d'autres chanteurs à la rejoindre sur scène à quasiment chaque concert. Pour cette tournée, on retrouve, entre autres, Jennifer Lopez, Sam Smith, Ellie Goulding, ou encore Fall Out Boy.

La tournée récolte plus de 150 millions de dollars et accueille 1,7 million de fans.

1989 Tour

La tournée *1989* était une des plus attendues de la chanteuse avec la hausse de sa présence médiatique. Elle compte 85 concerts, elle commence au Japon le 5 mai 2015 et se termine à Melbourne le 12 décembre de la même année. Vance Joy, Shawn Mendes, HAIM et Rae Morris se partagent les premières parties de la tournée.

Elle chante 18 chansons, principalement de l'album *1989* :

Setlist

Welcome to New York
New Romantics
Blank Space
I Knew You Were Trouble
I Wish You Would
How You Get the Girl
I Know Places
All You Had to do Was Stay
Clean
Love Story
Style
This Love
Bad Blood
We Are Never Ever Getting Back Together
Enchanted/Wildest Dreams
Out of the Woods
Shake it Off

Comme chansons surprises pour cette tournée, elle n'en fait pas de différente chaque soir mais en réutilise quelques-unes comme « You Belong With Me » qu'elle chante à 8 endroits.

La particularité de cette tournée est le nombre d'invités, chanteurs ou non, qui ont rejoint Taylor sur scène. Gigi Hadid, Kendall Jenner, Imagine Dragons, Selena Gomez, Justin Timberlake ou encore Mick Jagger. Et ce ne sont que quelques noms d'une très longue liste.

Cette tournée est un de ses plus grands succès avec 2,2 millions de fans qui sont venus la voir performer et une recette de plus de 250 millions de dollars.

Tournée mondiale *1989* en direct au Mercedes-Benz Arena le 10 novembre 2015 à Shanghai, en Chine.

Reputation Tour

La première tournée des stades de Taylor débute le 8 mai 2018 à Glendale aux États-Unis et se termine 53 concerts plus tard le 21 novembre 2018 à Tokyo.

Camila Cabello, Charli XCX et Brooks ouvrent pour la chanteuse chaque soir, la rejoignant quelquefois pour chanter « Shake It Off ».

Elle chante 19 chansons, chanson surprise incluse, cette fois-ci différente à chaque soir :

Setlist

... Ready For It ?
I Did Something Bad
Gorgeous
Style/Love Story/You Belong With Me
Look What You Made Me Do
End Game
King of My Heart
Delicate
Shake it Off
Dancing With Our Hands Tied
Blank Space
Dress
Bad Blood/Should've Said No
Don't Blame Me
Long Live/New Year's Day
Getaway Car
Call It What You Want
We Are Never Ever Getting Back Together/This is Why We Can't Have Nice Things

Taylor Swift se produit en direct au stade de Wembley le 22 juin 2018 à Londres.

Troye Sivan, Niall Horan, Selena Gomez, Shawn Mendes, Robbie Williams, Hayley Kiyoko, Bryan Adams, Tim McGraw, Faith Hill, Maren Morris et Sugarland la rejoignent sur scène pour continuer la tradition.

Le *Reputation Tour*, qui a remporté la tournée de l'année 2018 cinq fois, est celui qui a fait le plus parlé de Taylor. Alors que sa réputation n'est pas au beau fixe, la presse prévoit un véritable *flop*. Mais ils se trompent. Presque 3 millions de fans se rendent aux concerts et les recettes s'élèvent à 345 millions de dollars. Le nombre de concerts baisse mais les recettes augmentent ! Encore une fois, Taylor a su faire taire la presse sans même parler.

Lover Fest

Lover Fest devait être la première tournée des festivals pour Taylor, passant par Glastonbury et terminant à son propre festival au SoFi Stadium à Los Angeles. La tournée prévue pour 2020 a dû être annulée à cause de la pandémie de Covid-19.

Taylor y avait prévu de grandes choses, annonçant des «amis» qui l'auraient rejointe et des activités tout au long de la journée. Cette expérience qui aurait dû être inoubliable a aujourd'hui un goût amer dans la bouche des fans qui ne cessent de s'imaginer ce qu'elle aurait pu être.

Eras Tour

Le *Eras Tour* est indéniablement LA tournée de la carrière de Taylor. Comme son nom l'indique, la chanteuse annonce une tournée qui consiste à se replonger dans toutes ses «époques», c'est-à-dire chanter des chansons de tous ses albums.

Quand la tournée a été mise en vente aux États-Unis, plus de 2 millions de fans se sont retrouvés en file d'attente et surtout beaucoup de déçus après un désastre d'organisation du site de vente des billets.

La tournée débute à Glendale le 17 mars 2023. GAYLE, Paramore, Beabadoobee, Gracie Abrams, MUNA, HAIM, Phoebe Bridgers, Owenn et Girl In Red ouvrent les concerts aux États-Unis, puis Sabrina Carpenter a été annoncée pour la partie d'Amérique latine de la tournée.

Taylor performe 44 chansons, dont 2 chansons surprises chaque soir, et ce pendant plus de 3 heures. Elle passe d'*era* en *era*, avec des changements de costume grandioses et ravit les fans, même si son premier album n'est malheureusement pas inclus et *Speak Now* n'a qu'une seule chanson :

Setlist

Miss Americana & the Heartbreak Prince
Cruel Summer
The Man
You Need To Calm Down
Lover
The Archer
Fearless
You Belong with Me
Love Story
'tis the damn season
willow
marjorie
champagne problems
tolerate it
... Ready for It ?
Delicate
Don't Blame Me
Look What You Made Me Do
Enchanted

22
We Are Never Getting Back Together
I Knew You Were Trouble
All too Well (10mn version)
invisible strings ou the 1
betty
the last american dynasty
august
illicit affairs
my tears ricochet
cardigan
Style
Blank Space
Shake it Off
Wildest Dreams
Bad Blood
Lavender Haze
Anti-Hero
Midnight Rain
Vigilante Shit
Bejeweled
Mastermind
Karma

Taylor est applaudie par le monde musical et la presse pour cette tournée, beaucoup d'artistes ne seraient pas capables de réaliser un show de plus de 3 heures. Le footballeur américain JJ Watt l'a d'ailleurs félicitée sur ses réseaux, en disant qu'il fallait être en forme physiquement pour réaliser cela.

La tournée dans son intégralité devrait recevoir plusieurs millions de fans et briser tous les records de recette dans l'histoire de la musique.
Taylor nous prouve encore qu'elle n'a plus rien à prouver et qu'elle règne sur l'industrie musicale.

Après des mois d'attente et d'incertitude Taylor a (enfin !) annoncé sa tournée européenne avec 6 dates en France, 4 à Paris à La Defense Arena et 2 au Groupama Stadium de Lyon. Elle sera accompagnée du groupe Paramore pour sa première partie. Peut-être pouvons-nous nous attendre à l'ajout de la chanson « Castles Crumbling » en featuring avec Hayley Williams, chanteuse du groupe, à la setlist ?
Comme on pouvait s'y attendre, la demande pour les billets est énorme avec près d'un million d'inscrits pour avoir une chance d'obtenir ne serait-ce qu'un billet pour voir la chanteuse passer en France. La mise en vente débute le 11 juillet 2023 et c'est la catastrophe, le site de vente de billets *crash* avec plus d'un million de personnes dans la file et la vente est obligée d'être annulée et repoussée à une autre date. Les fans sont hors d'eux, on aurait pensé qu'ils auraient appris du désastre de la mise en vente au États Unis en novembre 2022…
Au final la mise en vente est repoussée à la semaine d'après et se déroule sans problème avec une majorité des fans réussissant à obtenir un billet ! On a hâte d'enfin voir Taylor chanter « Paris » à Paris !

Lors de sa tournée "The Eras Tour" au stade AT&T, le 31 mars 2023 à Arlington, Texas.

À L'ÉCRAN

Les Experts

Le 5 mars 2009, Taylor joue dans l'épisode 16 de la saison 9 de la série « Les Experts ». Elle y joue une victime, découverte décédée sur le parking pluvieux d'un motel de Las Vegas. Taylor est maquillée et habillée dans un style « emo » : pas du tout son style de l'époque ! Son rôle dans la série est évidemment promotionnel, sa chanson de *Fearless* « You're Not Sorry » est jouée dans l'épisode. Mais elle était aussi tout simplement très fan de la série, elle dit : « Tous mes amis savent que mon rêve est de mourir dans Les Experts. J'ai toujours voulu être l'une des victimes dont ils essaient de comprendre l'histoire ». Ce n'est pas un rôle qui restera dans les annales mais avec plus de 15 saisons, la série « Les Experts » a vu apparaître beaucoup de chanteurs en guest-stars, comme Justin Bieber et même notre « cher » John Mayer.

L'artiste arrive à la première de Los Angeles *Hannah Montana The Movie* au El Capitan Theatre le 2 avril 2009 à Hollywood, Californie.

Hannah Montana: Le film

Taylor fait une brève apparition dans le film *Hannah Montana : le film* en 2009. Elle écrit pour la bande originale la chanson « Crazier » et la performe à un moment du film. Elle rencontre sur le tournage l'acteur Lucas Till, qui joue dans le clip de sa chanson « You Belong With Me » et qu'elle fréquentera brièvement plus tard.

Valentine's Day

Taylor incarne le rôle de la lycéenne déjantée Felicia dans la comédie romantique de 2010, *Valentine's Day*. Elle apparaît dans plusieurs scènes avec les personnages de Taylor Lautner et Emma Roberts. Taylor joue la petite amie de Lautner dans le film. Relation de l'écran à la réalité car après le tournage, ils se mettront quelque temps ensemble ! Felicia est la meilleure amie du personnage d'Emma Roberts, elle l'aide et lui donne des conseils pour sa première fois. Taylor incarne parfaitement la petite amie un peu folle, un peu jalouse et complètement déjantée. Comme dans sa vie, Taylor arbore dans chaque scène son numéro chance, le 13, et Lautner le porte même sur son maillot. C'est un film très fun, une comédie romantique comme on les aime et Taylor rentre complètement dans le cadre.

New Girl

La chanteuse apparaît dans l'épisode final de la saison 2 de la série comique « New Girl ». Cet épisode – *spoiler alert* – suit le mariage de Cece et Shivrang. Alors qu'ils sont sur le point de se dire oui, Elaine, le personnage de Taylor, se lève pour arrêter le mariage et confesser ses sentiments à Shivrang. Elle récite exactement les paroles de sa chanson « Speak Now » :

« I hear the preacher say, «Speak now or forever hold your peace»
There's the silence, there's my last chance
I stand up with shaky hands, all eyes on me
Horrified looks from everyone in the room
But I'm only looking at you
I am not the kind of girl
Who should be rudely barging in on a white veil occasion
But you are not the kind of boy
Who should be marrying the wrong girl »

Traduction :
« J'entends le prêtre dire : "Parlez maintenant ou taisez-vous à jamais".
Voilà le silence, voilà ma dernière chance.
Je me lève, les mains tremblantes, tous les regards se tournent vers moi.
Les regards horrifiés de tout le monde dans la salle
Mais je ne regarde que toi
Je ne suis pas le genre de fille
qui devrait faire irruption brutalement dans une occasion de voile blanc
Mais tu n'es pas le genre de garçon
Qui devrait épouser la mauvaise fille »

C'est la créatrice, Elizabeth Meriwether, une grande fan de Taylor à l'époque, qui voulait absolument qu'elle y fasse un caméo. Taylor immédiatement convaincue, car elle-même fan de la série, a évidemment accepté. Bien que son apparition n'ait rien de mémorable, elle est très importante pour les fans de la série car elle a permis à Cece et Schmidt de s'avouer leur amour. Merci Taylor, enfin Elaine !

Le Lorax

Dans le film d'animation *The Lorax* (2012), Taylor prête sa voix au personnage d'Audrey. Elle joue aux côtés de Zac Efron, dont elle interprète la petite amie.

Guest-star dans l'épisode final de la saison "Elaine's Big Day" de NEW GIRL diffusé le mardi 14 mai 2013 sur FOX.

Le passeur

Coiffée d'une perruque brune, Taylor joue le rôle de Rosemary dans le film *The Giver* de 2014, adapté du livre de Lois Lowry paru en 1993. Elle joue le rôle de l'élue originelle pour sauver l'humanité dans des flashbacks avec le personnage de Jeff Bridges.

Elle a choisi de porter une perruque brune pour casser le look pop-star qu'elle a en dehors du film. Bien que le film n'ait pas reçu de bonnes critiques, sa performance a été remarquée. Son personnage n'est pas très important, mais Swift sait comment capturer les émotions de ses personnages, tout comme dans ses chansons.

Cats

Dans une démarche discutable, Taylor accepte un rôle dans le film le plus détesté de 2019, la comédie musicale d'Andrew LLoyd Webber, *Cats*. Le film a été un désastre du début à la fin, avec une intrigue inintéressante, des chansons pas très révolutionnaires et les pires effets spéciaux jamais utilisés au cinéma (bien que Sharknado existe).

Elle joue le rôle de Bombalurina, une fidèle femme de main de l'infâme Macavity (Idris Elba).

Elle interprète la chanson « Macavity » dans le film, dit une phrase et disparaît. Bien qu'il s'agisse d'un film rempli de stars (Idris Elba, Jennifer Hudson et Ian McKellen), c'est l'un des pires films de la décennie et pas son meilleur projet. Mais le point positif de ce film (oui, il y en a un !) est la chanson qu'elle a écrite avec ALW, « Beautiful Ghosts », qu'elle n'interprète malheureusement pas dans le film. Mais bravo pour son interprétation de « Macavity » ! On sait qu'elle a choisi ce rôle pour son amour des chats, particulièrement des siens, Olivia, Meredith et Benjamin, mais un visionnage suffira.

Amsterdam

Comme dans ses autres projets, elle joue un tout petit rôle dans le film *Amsterdam* (2022). Taylor joue le rôle de Liz Meekins, une fille en deuil. Elle veut savoir comment son père est mort en mer et demande de l'aide. Elle joue à la perfection le rôle de la « femme fatale » et incarne son personnage et les émotions qui l'accompagnent avec passion. Son rôle, bien qu'il soit court, est applaudi par les critiques, tout comme le film.

Première de "The Giver" au Ziegfeld Theatre le 11 août 2014 à New York.

Taylor Swift pose à la première
mondiale du nouveau film Cats,
le 16 décembre 2019 à New York.

Reputation World Tour Concert et Miss Americana sur Netflix

Pour son anniversaire le 13 décembre 2018, Taylor annonce qu'un concert du Reputation World Tour a été filmé et sortira sur la plateforme de streaming Netflix le 31 décembre à minuit. Le concert a été filmé à Arlington, Texas, au AT&T Stadium. On voit le concert en entier avec aussi des images exclusives des backstages de la tournée et des retours en images des invités chanteurs qu'elle a reçus tout au long de la tournée, comme au 1989 World Tour.

Pour poursuivre ce partenariat avec Netflix, deux ans plus tard, un documentaire sur la chanteuse sort sur la plateforme de streaming. Il se nomme *Miss Americana*, en lien avec la chanson « Miss Americana And The Broken Prince » de l'album *Lover* mais aussi en lien avec son image de « American sweetheart », et il est réalisé par Lana Wilson. L'annonce du documentaire se fait d'une façon peu conventionnelle par Taylor, qui aime habituellement laisser des indices à ses fans. Elle en parle dans son post Tumblr sur Scooter Braun qui lui refuse d'utiliser ses albums qu'il a rachetés. « En plus, et ce n'est pas la façon dont j'avais prévu de vous annoncer cette nouvelle, Netflix a créé un documentaire sur ma vie au cours de ces dernières années. Scott et Scooter refusent que j'utilise mes anciennes musiques ou des séquences de concerts pour ce projet, même s'il n'y a aucune mention d'eux ou de Big Machine Records dans le film. »

Avec l'aide des fans, le documentaire est rendu possible et sort sur la plateforme de streaming le 31 janvier 2020. Le documentaire suit Taylor entre la sortie de *Reputation* et la sortie de *Lover*. Elle apprend que *Reputation* n'a reçu aucune nomination aux Grammy Awards, un coup dur pour l'artiste qui était très fière de cet album et de ce changement drastique de dynamique musicale. Elle dit vouloir créer un album encore meilleur, qu'elle arrive sur ses 30 ans et n'aura sûrement pas d'autres chances dans son avenir pour faire mieux. On la suit dans la création de *Lover* et elle se confie sur sa relation avec Joe Alwyn, qui l'a beaucoup aidée à tenir pendant les *dramas* de 2015-2016, elle parle du cancer de sa mère, Andrea, qui l'a énormément affectée ces dernières années.

Taylor aborde aussi le sujet de ses troubles alimentaires, dont elle n'avait jamais parlé auparavant, de ses soucis avec l'image de son corps et comment elle avait du mal à regarder des photos d'elle sans vouloir s'affamer. Taylor met ses émotions à nu face au spectateur, chose qu'elle fait d'habitude dans ses chansons. On ressent une réelle honnêteté de la part de la chanteuse.

Enfin Taylor, pour la première fois de sa carrière, dit souhaiter s'exprimer sur le sujet sensible qu'est la politique. Tout au long de sa carrière, elle ne s'est jamais prononcée sur la politique, n'a jamais soutenu publiquement de candidat à la présidentielle et, comme elle le disait elle-même, préférait se taire sur ces sujets et juste chanter. Dans le documentaire, on la voit en désaccord avec son père qui a peur des menaces qu'elle va recevoir en s'opposant officiellement à une candidate républicaine pour l'État du Tennessee. Malgré ses craintes, Taylor poste quand même sur les réseaux son soutien à la communauté LGBTQ+ et appelle ses fans à aller voter pour le candidat démocrate. Pendant toute la promotion de *Lover*, Taylor continue de soutenir le parti démocrate et partage des messages de soutien pour la communauté LGBTQ+. Dans son clip « You Need To Calm Down », elle invite des *drag queens* et les 5 animateurs de l'émission *Queer Eye*. Brève intervention car depuis, elle ne s'est plus du tout prononcée sur ces sujets.

Le documentaire est très bien reçu, la presse apprécie l'honnêteté et la transparence de Taylor. Ses fans, quant à eux, sont très heureux d'en apprendre plus et d'entrer dans une bulle plus personnelle de l'artiste.

Sur scène lors des American Music Awards 2018 au Microsoft Theatre le 9 octobre 2018 à Los Angeles.

LES AMOURS

Malheureusement, Taylor Swift est souvent mentionnée dans la presse pour ses relations amoureuses. Elle dit avoir déjà écrit une chanson pour tous ses ex-petits copains, mais sans jamais réellement officialiser sa relation avec beaucoup. Elle est toujours restée discrète concernant sa vie en dehors de la musique et ses relations, comme elle dit dans la chanson « Paris » : « *Romance is not dead if you keep it just yours* ». Mais on ne peut s'empêcher de spéculer sur certaines des relations, surtout grâce aux chansons qu'elle a écrites sur ces garçons.

Taylor Swift et Joe Jonas aux MTV Video Music Awards 2008 aux Paramount Pictures Studios, le 7 septembre 2008 à Los Angeles.

Amours de lycée

Taylor, comme beaucoup de lycéennes, a eu plusieurs petits copains au lycée. Elle écrit « Tim Mcgraw » pour Brandon Borello, avec qui elle rompt car il doit partir à l'université. Elle décide de lui écrire cette chanson comme une chanson d'adieu.

Elle sort ensuite avec Jordan Alford qui lui brise le cœur et elle écrit « Picture To Burn » pour lui, le traitant de « redneck ».

Elle craque également pour Drew Hardwick, qu'elle mentionne dans la chanson « Teardrops On My Guitar » (« Drew looks at me, I fake a smile »). Il dit avoir été surpris d'entendre cette chanson pour la première fois, il n'avait aucune idée qu'elle l'aimait bien. Taylor a révélé que deux ans après que la chanson est sortie, il serait venu toquer chez elle pour lui proposer un rencard, mais elle aurait gentiment refusé. Mauvais *timing*, Drew !

Sam Armstrong la trompe au lycée, elle décide alors d'écrire « Should've Said No » sur lui. La pilule n'est visiblement pas passée pour lui car on le retrouve en 2018, à poster sur les réseaux des messages pas très sympas sur la chanteuse.

Joe Jonas

Taylor et Joe des Jonas Brothers ont une courte relation l'été 2008 alors qu'elle participait à leur tournée *Burnin' Up*. Il rompt avec elle par téléphone (un appel d'exactement 27 secondes !). Elle en parle sur le plateau d'Ellen Degeneres mais aussi lors de sa chanson du monologue de l'émission *Saturday Night Live*. Elle écrit sur lui « Forever And Always » (*Fearless)*, chanson qu'elle enregistre au dernier moment et supplie son label de l'ajouter à l'album. « Last Kiss », « Better Than Revenge » et « Mr Perfectly Fine » dans *Fearless (Taylor's Version)* sont aussi sur le chanteur. Ils sont aujourd'hui de très bons amis, elle a même brodé des couvertures pour les enfants de Joe à leur naissance !

Lucas Till

Elle rencontre Lucas sur le tournage du film *Hannah Montana*. Les deux seraient sortis ensemble quelques mois et auraient rompu préférant rester amis. Il a joué dans le clip « You Belong With Me ».

Taylor Lautner

Les Taylor se rencontrent sur le tournage du film *Valentine's Day (2010)*. Le 13 septembre 2009, il est celui qui donne à la chanteuse le MTV VMA pour le meilleur clip. Il est alors témoin du scandale Kanye. Ils sont aperçus quelques fois ensemble pendant plusieurs mois mais ils rompent début 2010. Selon des sources, Lautner était beaucoup plus investi dans la relation que Swift et ça n'a juste pas fonctionné. Elle lui écrit la chanson « Back To December » où elle lui demande pardon pour lui avoir brisé le cœur et l'avoir traité comme elle l'a fait. En 2023, il dit qu'il ne lui en veut pas, au contraire il est flatté car il a eu une chanson qui ne le critiquait pas ! Il ajoute que pour *Speak Now (Taylor's Version)*, il « prie pour John Mayer » pour qui le réenregistrement de l'album va être plus compliqué à vivre !

Taylor Swift et Taylor Lautner sont aperçus à la boutique Alice+Olivia sur Robertson Blvd, le 28 octobre 2009 à Los Angeles.

John Mayer

John Mayer, 32 ans, décide de séduire la jeune chanteuse de 19 ans en 2010 après qu'ils collaborent ensemble sur une chanson. On ne connaît pas les détails de cette relation mais on peut se fier à la chanson « Dear John » dans l'album *Speak Now*. Bien qu'elle ne l'ait jamais confirmé, on peut être sûr à 99,9 % que cette chanson est sur John Mayer. Elle dit qu'il l'a manipulé et fait pleurer à plusieurs reprises. Il a d'ailleurs très mal pris cette chanson, aurait fait un long email à Taylor se plaignant des paroles et de pas avoir été prévenu. Il a également dit dans une interview que c'était de « l'écriture bon marché » et s'est senti « humilié ». On se sentirait presque mal pour lui… ou pas.

En 2022, dans son nouvel album *Midnights*, Taylor sort la chanson « Would've, Could've, Should've » où elle parle clairement de cette période de sa vie. Elle dit que si elle pouvait revenir en arrière, elle ne « danserait plus avec le diable à 19 ans ». Elle écrit cette chanson avec Aaron Dessner le soir des Grammy Awards 2021, après avoir vu John Mayer chanter sur scène.

John Mayer et Taylor Swift se produisent sur scène lors du Z100's Jingle Ball 2009 au Madison Square Garden, le 11 décembre 2009 à New York.

Cory Monteith

Taylor et l'acteur de Glee ne se sont fréquentés qu'un seul petit mois, mais il a quand même eu le droit à sa chanson ! Dans « Mine », elle parle d'un garçon qu'elle aime bien alors qu'elle le connaît à peine, mais il veut continuer sa vie avec elle.

L'acteur Cory Monteith et Taylor Swift assistent à la 52e édition des GRAMMY Awards, le 30 janvier 2010 à Beverly Hills.

Jake Gyllenhaal

Taylor et l'acteur Jake Gyllenhaal sont sortis ensemble 3 mois en 2010. Il aurait même dépensé des sommes folles pour des rencards avec elle. Comme avec John Mayer, la différence d'âge : Taylor avait 20 ans et lui, 29 ans. Il rompt avec elle car il ne supporte pas l'attention médiatique sur leur relation et ne « sent plus » leur couple.

Elle écrit beaucoup de chansons sur lui pour l'album *Red*. La plus marquante reste « All Too Well » ainsi que sa version de 10 minutes. Elle dit dans cette dernière qu'il lui aurait dit que leur relation aurait pu fonctionner s'ils étaient « plus proche en âge ». Quand elle parle de Jake, elle fait souvent mention de son écharpe rouge qu'elle a laissée chez sa sœur, Maggie Gyllenhaal. On pourrait penser que par cette écharpe elle parle de sa virginité, mais aucun des deux n'a jamais confirmé quoi que ce soit.

Connor Kennedy

Connor Kennedy, descendant de JFK, et Taylor ont été en couple de l'été à octobre 2012. Elle aurait écrit la chanson « Begin Again » sur lui et s'est inspirée de ses grands-parents Ethel et Robert Kennedy pour la chanson « Starlight ». Ils auraient rompu à cause de la distance.

Harry Styles

Harry et Taylor ont été ensemble de décembre 2012 à janvier 2013. Leur relation est officialisée quand ils sont vus en rendez-vous dans Central Park. Des photos de leur baiser de Nouvel An fuitent quelques jours plus tard. Ils rompent après une grosse dispute lors d'un voyage aux Caraïbes, où Taylor est photographiée seule sur un bateau quittant l'île. L'album *1989* est largement inspiré de cette relation, spécialement « Style » et « Out Of The Woods ». Les deux sont restés en très bons termes et ont été vus à deux cérémonies des Grammy Awards en train de discuter et rigoler ensemble. On attend d'ailleurs le duo pour *1989 (Taylor's Version)* !

Les fans, souvent des deux en même temps, aiment parler de leur rupture comme « le divorce » et plaisantent souvent sur le fait d'avoir dû choisir maman ou papa. Et vous, plutôt maman Taylor ou papa Harry ?

Taylor Swift et Harry Styles se promènent dans Central Park, le 2 décembre 2012 à New York.

Calvin Harris

Le DJ Calvin Harris et Taylor ont été en couple de mars 2015 à juin 2016. C'est la relation la plus publique de Taylor, avec beaucoup de posts sur les réseaux sociaux, quelque chose de très rare pour elle aujourd'hui. Ils rompent pour plusieurs raisons mais majoritairement à cause de la chanson « This Is What You Came For » que Taylor a écrite pour Calvin. Elle l'a écrit sous un pseudonyme car Calvin ne voulait pas que les médias ne parlent que de Taylor lors de la promotion de la chanson. Elle lui fait l'honneur d'une seule chanson, « I Forgot That You Existed », qui raconte qu'elle a complètement oublié son existence et leur relation. Au moins, c'est clair.

La chanteuse et Calvin Harris sortent du Spotted Pig à Soho, le 28 mai 2015 à New York.

Tom Hiddleston

Taylor aurait trompé Calvin Harris lors du MET Gala 2016 avec l'acteur Marvel Tom Hiddleston. Dans sa chanson « High Infidelity », elle parle d'un 29 avril où elle l'aurait trompé. L'acteur et elle sont restés ensemble de juin à septembre 2016. Il y a eu beaucoup de rumeurs sur leur relation, la plus grosse étant qu'il l'aurait demandé mariage mais qu'elle aurait refusé comme raconté dans sa chanson « Champagne Problems » de l'album *Evermore*. Après leur relation, elle a écrit la chanson « Getaway Car » qui fait allusion au fait qu'elle s'est sentie mal de s'être engagée dans une relation avec lui si rapidement, et qu'elle s'est enfuie. Une pensée pour Tom et Taylor qui auraient pu être un super couple.

Taylor Swift et Tom Hiddleston sont vus à LAX, le 6 juillet 2016 à Los Angeles.

Joe Alwyn

Le même soir du MET Gala 2016 où Taylor passe la soirée avec Tom Hiddleston, elle rencontre le jeune acteur britannique Joe Alwyn. Ils se mettent ensemble à partir de septembre 2016. Taylor écrit plusieurs albums sur leur relation, de *Reputation (2016)* à *Midnights (2022)*. Elle parle de lui dans son documentaire *Miss Americana*, en disant qu'elle a rencontré « *the one* » en Joe, qu'il est resté malgré tous les *dramas* qui l'entouraient et qu'elle aime que leur relation soit aussi privée.

En mars 2023, alors que le Eras Tour est lancé, il est annoncé que leur relation s'est terminée après presque 7 ans. Les détails ne sont pas connus, mais la publiciste de Taylor, Tree Paine, confirme les faits. Puis en mai 2023, Taylor enfonce le clou en sortant une chanson inédite de l'album *Midnights* qui se nomme « You're Losing Me » où elle raconte le début de la fin de son couple : « Tu me perds ». Puis dans le bridge de la chanson, elle va dans le sens des rumeurs qu'ils étaient fiancés mais qu'elle a préféré rompre leurs fiançailles :

Fighting in only your army, frontlines, don't you ignore me
Je me battais seulement dans ton armée, en première ligne, ne m'ignore pas
I'm the best thing at this party (You're losing me)
Je suis la meilleure chose de cette soirée (tu es en train de me perdre)
And I wouldn't marry me either
Et je ne voudrais pas me marier moi non plus
A pathological people pleaser
Quelqu'un qui voulait plaire à tout le monde
Who only wanted you to see her
Qui voulait seulement que tu la vois.

Taylor Swift et Joe Alwyn quittent Zuma le 6 octobre 2019 à New York.

Matty Healy

Alors que sa rupture avec Joe vient seulement d'être annoncée, Taylor se retrouve déjà en plein cœur des rumeurs : elle serait en couple avec le chanteur du groupe The 1975, Matty Healy. Il assiste à plusieurs de ses concerts et ils apparaissent ensemble en public plusieurs fois.

Cette relation est vivement critiquée. Healy est connu pour ses comportements et propos racistes et bien souvent extrémistes. Beaucoup des fans en veulent à Taylor de s'associer avec quelqu'un d'aussi problématique et pensent qu'il ne représente pas ses vues à elle.

LA MODE

Taylor Swift lors de la 41e cérémonie annuelle des Academy of Country Music Awards au MGM Grand Theatre de Las Vegas.

Arrivée en bottes de cowboy, aux American Music Awards 2007

Taylor n'est pas particulièrement connue pour son style vestimentaire, mais au fil des années, elle a réussi à imposer sa marque. Faisons une rétrospective de l'évolution de son style à travers ses ères:

2006-2008 Début

Âgée de 16 ans pendant sa première ère, Taylor s'habille comme toute adolescente de Nashville et suit la mode des années 2000 avec des jeans taille basse, des cardigans et des petites robes, mais sans jamais en révéler trop. Sur scène, son accoutrement habituel se compose d'une robe d'été et une paire de santiags. Une vraie chanteuse country!

Sa marque de fabrique : ses cheveux! Ces boucles blondes naturelles restent iconiques.

2008-2010 Fearless

Pour l'ère *Fearless*, Taylor garde ses boucles naturelles, mais elle commence à s'éloigner du style de chanteuse de country et porte des vêtements qui rappellent l'ambiance conte de fées de l'album. Robes de bal, corsets et jupes à tulles monopolisent ses tenues de tapis rouge et de scène. Elle troque les santiags avec des bottes style équitation et des talons hauts.

Taylor Swift assiste aux MTV Video Music Awards 2009, le 13 septembre 2009 à New York.

Au gala-bénéfice du Costume Institute pour célébrer l'ouverture de l'exposition "American Woman : Façonner une identité nationale" au Metropolitan Museum of Art, le 3 mai 2010 à New York.

La chanteuse Taylor Swift arrive à la 43e cérémonie annuelle des CMA Awards au Sommet Center, le 11 novembre 2009 à Nashville.

2010-2012 Speak Now

Taylor adopte dans un style vestimentaire plus adulte, plus femme. Elle garde des pièces de conte de fées, mais porte aussi des tenues plus sophistiquées sur le tapis rouge. Sur scène, elle porte des petites robes avec des bottes hautes, des robes de princesse, mais aussi sa fameuse robe violette quand elle chante « Dear John » et qui rappelle la couverture de l'album.

C'est pendant cette période que Taylor commence à porter la bouche rouge, sa signature depuis cette époque.

Gala du Costume Institute "Alexander McQueen: Savage Beauty" au Metropolitan Museum of Art le 2 mai 2011 à New York.

Taylor Swift et Kenny Chesney se produisent au Bridgestone Arena, le 17 septembre 2011 à Nashville.

L'artiste se produit lors du Z100's Jingle Ball 2012 au Madison Square Garden, le 7 décembre 2012 à New York.

2012-2014 Red

La frange fait enfin son apparition! C'est pendant un photoshoot pour le magazine « Vogue » que Taylor adopte la frange. Le coiffeur essayait de coiffer ses boucles mais il n'y arrivait pas alors Taylor s'est écriée : « Oh, coupez-la. C'est Vogue. »! Et fini les boucles malheureusement... Taylor ne porte quasiment ses cheveux que lisses ou attachés.

Elle ne quitte pas la bouche rouge pendant cette époque et incorpore beaucoup de vêtements de la même couleur. Elle respecte bien les thèmes de ses albums!

La garde-robe se compose de hauts à col, des shorts taille haute et des robes cintrées à la taille. Taylor appelle cette période comme son époque de « femme au foyer des années 1950 ».

Elle reste sur une palette de couleurs assez classique : noir, blanc, bleu et évidemment rouge.

Conférence de presse "One Chance", le 21 novembre 2013 à Beverly Hills.

Taylor Swift est vue le 29 mai 2015 à New York habillée comme la véritable icône de la pop qu'elle est !

2014-2016 1989

Avec *1989*, Taylor incorpore le style vestimentaire d'une chanteuse pop dans son quotidien, ses tenues de scène et de tapis rouge. Elle se révèle aussi un peu plus avec des ensembles crop top et jupe, toujours accompagnés de talons très hauts. Son passage musical de la country à la pop se fait aussi ressentir dans son style.

Même ses cheveux subissent le même traitement, elle coupe ses longs cheveux en un carré au-dessus des épaules. *Welcome to New York*, Taylor !

Bleachella fait aussi son apparition ! À Coachella 2016, Taylor y débute un carré blond platine, un changement radical de la Taylor qu'on connaît d'habitude. Elle le garde pour le Met Gala 2016, où elle porte une robe noire et argentée Louis Vuitton et un style assez dark. On adore ou on déteste, mais c'est très clairement un avant-goût de l'époque Reputation !

Un look preppy pour Taylor Swift, à Soho le 19 avril 2015.

2017-2019 Reputation

Taylor n'est quasiment pas vue entre 2016 et 2017 mais quand elle réapparait, elle crée la surprise.

Les lèvres rouges se transforment en rouge noir, ses cheveux perdent le blond platine et elle les porte en dessous des épaules, toujours bouclés.

Son style vestimentaire devient avant-gardiste, elle s'essaye aux sweats à capuche, aux bottes de combat et aux pantalons cargo.

Sur scène, elle porte des motifs et des accessoires serpent (clin d'œil à Kim Kardashian). Taylor veut sa vengeance et elle le montre.

Pour le Reputation World Tour, elle reste sur des couleurs assez sombres, noir, kaki, rouge foncé et porte des bodys assez révélateurs. On adore ce changement qui s'accorde parfaitement à l'album.

Taylor Swift (avec son fameux carré platine !) arrive à la 64e cérémonie annuelle des BMI Pop Awards au Beverly Wilshire Four Seasons Hotel, le 10 mai 2016 à Beverly Hills.

Taylor au Gala 2016 du Costume Institute au Metropolitan Museum of Art, le 2 mai 2016 à New York dans une tenue des plus électrique !

Rencontre avec ses fans,le 11 novembre 2019 à Guangzhou, dans la province chinoise du Guangdong.

2019-2020 Lover

Et parce qu'un changement radical pour Taylor ne lui suffit pas, avec *Lover* elle repart dans le sens inverse. L'album est à l'opposé complet de *Reputation* avec ses chansons d'amour, ses airs mélancoliques et son style bubblegum pop.

Rose, violet, jaune et bleu composent la palette de couleurs de cette époque. Les paillettes et le tie dye ornent ses vêtements. On est sur un style plus tendre, plus doux et romantique.

Sur scène, malheureusement on ne peut que s'imaginer pour une tournée qui a dû être annulée à cause de la pandémie. Pour les quelques performances qu'elle a pu faire pendant la promo de l'album, elle porte des habits aux couleurs arc-en-ciel, toujours le rose en majorité et a l'air de s'amuser avec la mode.

Pendant cette période, elle fait sa première collaboration avec une marque, c'est Stella McCartney qui en a l'honneur. Stella x Taylor Swift voit le jour pour la sortie et promotion de *Lover*, la collection a la même palette que celle que porte Taylor à cette époque et est tout droit sortie d'un rêve rempli de barbe à papa et de couchers de soleil.

Taylor Swift arrive aux iHeartRadio Music Awards 2019.

Taylor Swift, Shania Twain et Ciara lors des American Music Awards 2019, le 24 novembre 2019 à Los Angeles.

2020-2022 Folklore et Evermore

Avec *Folklore* et *Evermore,* Taylor est à fond dans le « cottagecore ». Manteaux longs, velours, couleurs riches, tenues fleuries et pulls (ou cardigans...) tricotés font partie du peu de tenues que nous avons eu la chance de voir pendant cette époque. Taylor abandonne ses cheveux lisses et garde ses boucles naturelles. C'est très distinctif des deux albums, qui ont cette aura de « cosy », d'être au coin du feu ou de se promener dans la forêt.

2022-2023 Midnights

Midnights c'est les années 1970, les polos tricotés, les pantalons à velours côtelé et des paupières ornées de bleu pailleté. Sur le tapis rouge, Taylor s'habille de vêtements scintillants, comme la robe Oscar de la Renta qu'elle porte sur le tapis rouge des VMAs en 2022, soir où elle annonce l'album. Aux Grammy Awards 2023, elle porte un ensemble bleu nuit à paillettes, un clin d'œil au titre de l'album.

Sur scène, elle débute avec un manteau en fourrure lilas et une robe t-shirt de la même couleur. Puis elle retire les deux pour être dans un body bleu nuit orné de cristaux, une jarretière et des bottes hautes. Avec cette tenue, Taylor montre qu'elle a grandi et ose porter de véritables tenues de show !

Aux 65e GRAMMY Awards, le 05 février 2023 à Los Angeles.

Eras Tour

Dans son Eras Tour, Taylor utilise les vêtements pour symboliser chaque album. Malheureusement, elle n'a aucune chanson de son premier album dans la setlist du concert mais elle en a chanté quelques-unes lors des chansons surprises. Alors elle n'a pas de tenue qui représente cet album pour cette tournée.

Pour *Fearless*, Taylor porte 3 tenues différentes, toutes imaginées par la maison de couture Roberto Cavalli, qu'elle alterne selon les concerts. La première est une robe à franges dorée, qu'elle porte avec des bottes inspirées des santiags qu'elle portait à l'époque. Elle alterne avec deux autres robes, chacune porte de longues franges qui tombent vers le bas de la silhouette, une dorée et une argentée. Les fans surnomment cette robe la « robe poulpe » à cause des franges qui font penser à des tentacules. Ces tenues sont évidemment un clin d'œil à ces tenues de la tournée *Fearless*.

Taylor ne chante (encore malheureusement) qu'une seule chanson de *Speak Now*. Quand elle chante « Enchanted », Taylor retourne à ses robes de princesse, de contes de fées comme elle portait lors de la tournée de l'album. Elle alterne entre 4 robes, la première avec sa jupe de tulle et paillettes argentées de Nicole + Felicia, la deuxième est dans une forme similaire mais dans un ton rose et des reflets scintillants argentés de Zuhair Murad, la troisième, imaginée par Elie Saab, rappelle une robe de mariée avec des pétales de fleurs blanches qui tombe tout le long de la silhouette, puis enfin une deuxième robe Elie Saab, elle est rose avec des traînées argentées tout le long de la jupe et du torse. Pour juste une chanson, Taylor s'amuse avec le thème de contes de fées de la chanson et en joue avec ses costumes.

Red est le petit chanceux avec deux tenues (et demi), Taylor commence avec un T-shirt Ashish Gupta que l'on reconnaît du clip de la chanson « 22 ». Chaque soir une chose différente est écrite dessus : « Not a lot going on at the moment » ou « We are never getting back together. Like ever », certains mots sont écrits en rouge pour les faire ressortir. Elle l'associe avec le fameux chapeau noir de la tournée Red, créé par Gladys Tamez Millinery. Chaque soir elle l'offre à un fan chanceux, chaque chapeau a un petit autographe à l'intérieur. Ensuite elle enlève le T-shirt pour dévoiler un combishort à sequins avec un dégradé de rouge à noir. Pour « All Too Well (10 Minutes Version) (From The Vault) (Taylor's Version) », elle rajoute un long manteau des mêmes couleurs au-dessus. Cette tenue est du même créateur que le t-shirt.

1989 n'a qu'une seule tenue mais en plusieurs couleurs. L'ère *1989* était marquée par les ensembles crop top et jupe de Taylor, alors sur scène elle s'inspire d'une des tenues de la tournée de 2015. C'est la maison Roberto Cavalli qui vient réinterpréter cette tenue avec des diamants Swarovski en trois couleurs : rose, vert et orange. C'est un clin d'œil auquel on s'attendait pour *1989*.

C'est avec déception que *Reputation* n'a qu'une seule tenue et sans variation, alors que la tournée de l'album en 2018 nous avait offert des looks iconiques. Taylor porte une combinaison asymétrique imaginée par Roberto Cavalli, avec des serpents rouges qui s'entremêlent tout le long. Il semblait évident que le serpent fasse son retour pour ce moment du concert, sinon les fans auraient été déçus !

Taylor ouvre le concert avec *Lover* et porte un body Versace et des bottes à paillettes Louboutin (comme l'ensemble des chaussures pour cette tournée). Le body varie légèrement au long de la tournée, avec un changement de couleur. Le premier est dans des tons bleu et rose, le deuxième est doré et bleu et le dernier est presque entièrement violet. À chaque fois elle l'associe avec un collier Versace différent. Toujours de la même marque, pour chanter « The Man », Taylor enfile un blazer, soit argenté, soit noir.

Pour *Folklore*, Taylor alterne entre quatre robes de la créatrice italienne Alberta Ferretti. Ces quatre robes capturent à la perfection l'essence même de *Folklore* : cet air féerique et aura éthéré de l'album. Les quatre se ressemblent de par leurs manches et jupes longues et fluides, des éléments qui rappellent la nature comme des fleurs en dentelles ou des feuilles.

Il a fallu attendre le 26ᵉ concert pour que *Evermore* ait ENFIN une deuxième tenue. C'est la marque Etro qui se charge des deux

Les Swifties se dirigent vers les entrées de Soldier Field alors à Chicago, attirant des milliers de fans de tout le pays pour assister à l'un des trois spectacles à partir du 2 juin 2023.

robes. La première est jaune orangé, à volants et qui se noue sur le devant, elle a un air bohème et champêtre qui s'associe parfaitement à l'album. Quand elle commence le set, elle porte au-dessus une cape verte, comme dans le clip de « Willow ». Comme la première, la deuxième robe est à volant mais avec des bretelles. Sa couleur bronze pailleté s'associe à la chanson « 'tis the damn season », et rappelle les éléments boisés et l'ambiance de sorcière propres à *Evermore*.

Enfin, *Midnights* clôt le concert et débute avec une robe T-shirt violette à diamants Oscar de la Renta et un manteau en fausse-fourrure lilas. Elle les enlève ensuite pour dévoiler deux bodys similaires, un bleu noir Oscar de la Renta et un bleu violet Zuhair Murad, qui est lui accompagné d'une jarretière. Les tenues sont accompagnées de bottes Louboutin bleu nuit à paillettes. Ces tenues sont des clins d'œil à l'ère *Midnights*, comme le manteau lilas que l'on voit dans le clip de « Lavender Haze ».

À travers cette tournée, Taylor se sert de la mode pour distinguer chacune de ses ères, en utilisant des looks issus directement des défilés et de certaines des plus grandes maisons de l'industrie de la mode. Distinguer autant ses différentes ères par des ambiances et des styles différents permet aussi aux fans de s'approprier leurs ères préférées et de les styliser selon leur goût. Taylor Swift a su créer un réel investissement de la part de sa communauté. Il suffit de voir les tenues toutes plus incroyables les unes que les autres que les fans portent lors du Eras Tour ! Qu'ils optent pour un style plus badass avec l'ère *Reputation* ou un style plus acidulé avec l'ère *Lover*, les fans ne peuvent être qu'inspirés et admirateurs de l'univers qu'a su créer Taylor Swift.

Les fans revêtent leurs plus belles chaussures pour le Eras Tour, à l'image de leur idôle !

Taylor Swift se produit pendant la première
nuit de la tournée Eras à Denver,
le vendredi 14 juillet 2023.

crédits photographiques

Taylor Swift (right) and mother Andrea Swift (Photo by Kevin Mazur/WireImage) /Singer Taylor Swift and Austin Swift react after winning an award during the 2009 CMT Music Awards at the Sommet Center on June 16, 2009 in Nashville, Tennessee. (Photo by Jeff Kravitz/FilmMagic) / Singer Taylor Swift performs on MTV's "TRL" on February 27, 2008 at MTV Studios in Times Square, New York City. (Photo by Michael Loccisano/FilmMagic) / Taylor Swift performs live at the Sound Advice Amphitheater on September 22, 2007 in West Palm Beach, Florida (Photo by Jeff Daly/FilmMagic) / Taylor Swift (Photo by Tony R. Phipps/WireImage) / Singer/songwriters Taylor Swift, Brad Paisley and Kellie Pickler perform on stage at the 41st Annual CMA Awards at the Sommet Center on November 7, 2007 in Nashville TN. (Photo by Rick Diamond/WireImage) / Taylor Swift (Photo by Jason Squires/WireImage) / Taylor Swift performs at Madison Square Garden on August 27, 2009 in New York City. (Photo by Theo Wargo/WireImage for New York Post) / Musician Taylor Swift performs on stage in concert on the Sydney stop of her "Fearless" tour at The Factory Theatre on March 12, 2009 in Sydney, Australia. (Photo by Don Arnold/WireImage) /Singers Miley Cyrus and Taylor Swift perform onstage at the 51st Annual GRAMMY Awards held at the Staples Center on February 8, 2009 in Los Angeles, California. (Photo by Jeff Kravitz/FilmMagic) /Singer Taylor Swift arrives at the 2009 MTV Video Music Awards at Radio City Music Hall on September 13, 2009 in New York City. (Photo by Jeff Kravitz/FilmMagic) / Taylor Swift performs "Love Story" on stage during the 42nd Annual CMA Awards at the Sommet Center on November 12, 2008 in Nashville, Tennessee. (Photo by Rick Diamond/WireImage) / Taylor Swift performs at KIIS FM's Jingle Ball 2009 at Nokia Theatre L.A. Live in Los Angeles, California on December 5, 2009. (Photo by Gregg DeGuire/FilmMagic) / Taylor Swift performs onstage during Z100's Jingle Ball 2009 presented by H&M at Madison Square Garden on December 11, 2009 in New York City. (Photo by Dimitrios Kambouris/WireImage for Clear Channel Radio New York) / aylor Swift performs during her "Speak Now" tour at Prudential Center on July 24, 2011 in Newark, New Jersey (WireImage) / American country singer Taylor Swift performs live on stage at Ahoy in Rotterdam, Netherlands during her Speak Now World Tour on 7th March 2011. (Photo by Rob Verhorst/Redferns) / Taylor Swift played to a sold-out crowd of over 51,000 fans saturday night when she took her "Speak Now" World Tour to Lincoln Financial Field in her home state of Pennsylvania. This was the 5th of eight stadium dates on the US leg of the tour, which visits 17 countries this year (WireImage) / Taylor Swift accepts the Artist of the Year award at the 2011 American Music Awards at Nokia Theatre L.A. Live on November 20, 2011 in Los Angeles, California. (Photo by Joe Kohen/WireImage) / Musician Taylor Swift performs onstage at the 44th Annual CMA Awards at the Bridgestone Arena on November 10, 2010 in Nashville, Tennessee. (Photo by Bryan Bedder/WireImage) / Taylor Swift and Hayley Williams perform at the Bridgestone Arena on September 16, 2011 in Nashville, Tennessee. (Photo by Frederick Breedon IV/WireImage) / Taylor Swift and Selena Gomez in the audience at the 2011 American Music Awards at the Nokia Theatre L.A. LIVE on November 20, 2011 in Los Angeles, California. (Photo by Jeff Kravitz/AMA2011/FilmMagic) / Taylor Swift performs during a concert on July 20, 2011, at the Prudential Center in Newark, NJ. (Photo by Rich Graessle/Icon Sportswire via Getty Images) /Taylor Swift performs onstage during the MTV EMA's 2012 at Festhalle Frankfurt on November 11, 2012 in Frankfurt am Main, Germany. (Photo by Kevin Mazur/WireImage) / Actress/musician Taylor Swift performs at KIIS FM's Jingle Ball 2012 night 1 at Nokia Theatre LA Live on December 1, 2012 in Los Angeles, California. (Photo by Gregg DeGuire/WireImage) /Musician Taylor Swift performs at New Year's Eve 2013 In Times Square at Times Square on December 31, 2012 in New York City. (Photo by Michael Stewart/WireImage)/ Taylor Swift performs onstage during the 2012 iHeartRadio Music Festival at the MGM Grand Garden Arena on September 22, 2012 in Las Vegas, Nevada. (Photo by Kevin Mazur/WireImage)/ Taylor Swift performing on stage during the BBC radio One Teen Awards at Wembley Arena in London on the 7th October, 2012. (Photo by Jim Steele/Popperfoto via Getty Images) / Taylor Swift performs onstage during the 2012 MTV Video Music Awards at Staples Center on September 6, 2012 in Los Angeles, California. (Photo by Jeff Kravitz/FilmMagic) / Taylor Swift performs during Z100's Jingle Ball 2012 presented by Aeropostale at Madison Square Garden on December 7, 2012 in New York City. (Photo by D Dipasupil/FilmMagic) / Recording artist Taylor Swift performs on stage during Rock in Rio USA at the MGM Resorts Festival Grounds on May 15, 2015 in Las Vegas, Nevada. (Photo by Steven Lawton/FilmMagic) / Taylor Swift performs on stage for the BRIT Awards 2015 at The O2 Arena on February 25, 2015 in London, United Kingdom (Photo by Samir Hussein/Redferns via Getty Images) / Taylor Swift performs live on stage during the 1989 World Tour Live at Mercedes-Benz Arena on November 10, 2015 in Shanghai, China. (Photo by ChinaFotoPress) / Selena Gomez congratulate recording artist Taylor Swift (C) after she wins the Video of the Year award at the 2015 MTV Video Music Awards at Microsoft Theater on August 30, 2015 in Los Angeles, California. (Photo by Jeff Kravitz/MTV1415/FilmMagic)/ Taylor Swift performs during New Year's Eve 2015 in Times Square on December 31, 2014 in New York City. (Photo by James Devaney/WireImage) / Taylor Swift poses in the press room at the The 58th GRAMMY Awards at Staples Center on February 15, 2016 in Los Angeles, California. (Photo by Jason LaVeris/FilmMagic) / Taylor Swift performs during her epic "1989" Times Square concert on "Good Morning America" on October 30, 2014 in New York City. (Photo by Kevin Mazur/WireImage) / Taylor Swift performs onstage during Taylor Swift The 1989 World Tour Live In Los Angeles at Staples Center on August 22, 2015 in Los Angeles, California. (Photo by Steve Granitz/WireImage) / Taylor Swift performs onstage during the 2018 American Music Awards at Microsoft Theater on October 9, 2018 in Los Angeles, California. (Photo by Jeff Kravitz/AMA2018/FilmMagic For dcp ,) / Taylor Swift performs during the 99.7 NOW! POPTOPIA at SAP Center on December 2, 2017 in San Jose, California. (Photo by C Flanigan/FilmMagic) / Taylor Swift performs live at Wembley Stadium on June 22, 2018 in London, England. (Photo by Samir Hussein/Redferns) / Taylor Swift performs onstage during the 2018 American Music Awards at Microsoft Theater on October 9, 2018 in Los Angeles, California. (Photo by Jeff Kravitz/AMA2018/FilmMagic For dcp ,) / Taylor Swift performs onstage during the 102.7 KIIS FM's Jingle Ball 2017 held at The Forum on December 1, 2017 in Inglewood, California. (Photo by Michael Tran/FilmMagic) / Taylor Swift performs live on stage at Wembley Stadium on June 22, 2018 in London, England. (Photo by Brian Rasic/WireImage) / Taylor Swift poses at the 2018 Billboard Music Awards Press Room at MGM Grand Garden Arena on May 20, 2018 in Las Vegas, Nevada. (Photo by Jon Kopaloff/FilmMagic) / Taylor Swift performs onstage at the 2018 American Music Awards at Microsoft Theater on October 9, 2018 in Los Angeles, California. (Photo by Phillip Faraone/WireImage,) / Taylor Swift performs onstage during the 2019 MTV Video Music Awards at Prudential Center on August 26, 2019 in Newark, New Jersey. (Photo by Kevin Mazur/WireImage) /Taylor Swift performs onstage during the 2019 American Music Awards at Microsoft Theater on November 24, 2019 in Los Angeles, California. (Photo by Jeff Kravitz/AMA2019/FilmMagic for dcp) / Taylor Swift performs onstage during the 2019 MTV Video Music Awards at Prudential Center on August 26, 2019 in Newark, New Jersey. (Photo by Bennett Raglin/WireImage,) / Camila Cabello, Taylor Swift, and Halsey perform onstage during the 2019 American Music Awards at Microsoft Theater on November 24, 2019 in Los Angeles, California. (Photo by Jeff Kravitz/AMA2019/FilmMagic for dcp) / Taylor Swift performs onstage during the 2019 MTV Video Music Awards at Prudential Center on August 26, 2019 in Newark, New Jersey. (Photo by Kevin Mazur/WireImage) / aylor Swift performs on the stage during the gala of 2019 Alibaba 11.11 Global Shopping Festival at Mercedes-Benz Arena on November 10, 2019 in Shanghai, China. (Photo by VCG/VCG via Getty Images) / Taylor Swift on the red carpet at the 63rd Annual Grammy Awards, at the Los Angeles Convention Center, in downtown Los Angeles, CA, Sunday, Mar. 14, 2021. (Jay L. Clendenin / Los Angeles Times) / Taylor Swift attends the Republic Records MTV VMA 2022 after party at the Fleur Room in Chelsea on August 29, 2022 in New York City. (Photo by Gotham/ GC Images)/ Taylor Swift attends the 65th GRAMMY Awards on February 05, 2023 in Los Angeles, California. (Photo by Jeff Kravitz/ FilmMagic)/ Taylor Swift attends the 2022 MTV VMAs at Prudential Center on August 28, 2022 in Newark, New Jersey. (Photo by Arturo Holmes/FilmMagic)/ 65th GRAMMY AWARDS Taylor Swift arrivals of fashion and creatively weird images at the 65th Grammy Awards held at the Crytpo.com Arena on February 5, 2023. -- (Photo by Allen J. Schaben / Los Angeles Times via Getty Images)/ Singer Taylor Swift is seen on Main Street during the Sundance Film Festival on January 23, 2020 in Park City, Utah. (Photo by Mat Hayward/GC Images)/ Singer Taylor Swift (R) with president of Big Machine Records Scott Borchetta (center) and Sandy Borchetta seen backstage during the 2008 CMT Awards at Curb Event Center at Belmont University on April 14, 2008 in Nashville, Tennessee. (Photo by Rick)/ Musician Taylor Swift performs on stage in concert on the Sydney stop of her «Fearless» tour at The Factory Theatre on March 12, 2009 in Sydney, Australia. (Photo by Don Arnold)/ Taylor Swift arrives at the AMC Lincoln Square 13 theater for a screening of her short film «All Too Well» in Manhattan on November 12, 2021 in New York City. (Photo by Raymond Hall/GC Images)/ Taylor Swift is seen in the Upper West Side on June 11, 2022 in New York City. (Photo by Gotham/GC Images)/ Taylor Swift, winner of Favorite Pop Album, Favorite Female Pop Artist, Favorite Music Video, Favorite Country Album, Favorite Female Country Artist, and Artist of the Year, poses in the press room during the 2022 American Music Awards at Microsoft Theater on November 20, 2022 in Los Angeles, California. (Photo by Tommaso Boddi/WireImage)/ Singer, musician Taylor Swift performs onstage during the VAULT Concert Stages during the 2008 CMA Music Festival at LP Field on June 5, 2008 in Nashville, Tennessee. (Photo by Tony R. Phipps/WireImage)/ Taylor Swift performs at Madison Square Garden on August 27, 2009 in New York City. (Photo by Theo Wargo/WireImage for New York Post)/ American country singer Taylor Swift performs live on stage at Ahoy in Rotterdam, Netherlands during her Speak Now World Tour on 7th March 2011. (Photo by Rob Verhorst/Redferns)/ Taylor Swift performs to a sold out crowd June 2, 2013 during her Red Tour stop in Denver at Pepsi Center. (Photo By John Leyba/The Denver Post)/ Taylor Swift performs live on stage during the 1989 World Tour Live at Mercedes-Benz Arena on November 10, 2015 in Shanghai, China. (Photo by Chen He/Visual China Group via Getty Images)/ Taylor Swift performs live at Wembley Stadium on June 22, 2018 in London, England. (Photo by Samir Hussein/Redferns)/ March 31, 2023, Arlington, Texas, United States; American singer-songwriter Taylor Swift performs on her 'The Eras Tour' at AT&T Stadium. on March 31, 2023 in Arlington, Texas, United States. (Photo by Javier Vicencio/ Eyepix Group)/ Singer/actress Taylor Swift arrives at the Los Angeles Premiere «Hannah Montana The Movie» at the El Capitan Theatre on April 2, 2009 in Hollywood, California. (Photo by Jon Kopaloff/FilmMagic)/ Taylor Swift guest-stars in the «Elaine's Big Day» season finale episode of NEW GIRL airing Tuesday, May 14, 2013 (9:00-9:30 PM ET/PT) on FOX. (Photo by FOX Image Collection via Getty Images)/ Actress and singer Taylor Swift attends «The Giver» premiere at Ziegfeld Theater on August 11, 2014 in New York City. (Photo by Monica Schipper/FilmMagic)/ Taylor Swift poses at the world premiere of the new film «Cats» based on the Andrew Lloyd Webber musical at Alice Tully Hall, Lincoln Center on December 16, 2019 in New York City.(Photo by Bruce Glikas/FilmMagic)/ Taylor Swift performs onstage during the 2018 American Music Awards at Microsoft Theater on October 9, 2018 in Los Angeles, California. (Photo by Jeff Kravitz/AMA2018/ FilmMagic For dcp ,)/ Taylor Swift and Taylor Lautner sighting at the Alice+Olivia Boutique on Robertson Blvd. on October 28, 2009 in Los Angeles, California. (Photo by Jean Baptiste Lacroix/WireImage)/ Singers Taylor Swift and Joe Jonas at the 2008 MTV Video Music Awards at Paramount Pictures Studios on September 7, 2008 in Los Angeles, California. (Photo by Jeff Kravitz/FilmMagic)/ Actor Cory Monteith and singer Taylor Swift attend the 52nd Annual GRAMMY Awards - Salute To Icons Honoring Doug Morris held at The Beverly Hilton Hotel on January 30, 2010 in Beverly Hills, California. (Photo by Rick Diamond/WireImage)/ John Mayer and Taylor Swift performs onstage during Z100's Jingle Ball 2009 presented by H&M at Madison Square Garden on December 11, 2009 in New York City. (WireImage)/ Taylor Swift and Harry Styles are seen walking around Central Park on December 02, 2012 in New York City. (Photo by David Krieger/Bauer-Griffin/GC Images)/ Singer Taylor Swift and Calvin Harris coming out of the spotted Pig in Soho on May 28, 2015 in New York City. Photo by Raymond Hall/ GC Images) (Photo by Raymond Hall/GC Images)/ Taylor Swift and Joe Alwyn depart Zuma on October 06, 2019 in New York City. (Photo by Jackson Lee/GC Images)/ Taylor Swift and Tom Hiddleston are seen at LAX on July 06, 2016 in Los Angeles, California. (Photo by starzfly/Bauer-Griffin/GC Images)/ Taylor Swift during 41st Annual Academy of Country Music Awards - Arrivals at MGM Grand Theater in Las Vegas, Nevada, United States. (Photo by Jeff Kravitz/FilmMagic, Inc)/ Singer Taylor Swift arrives to the 2007 American Music Awards at the Nokia Theatre on November 18, 2007 in Los Angeles, California. (Photo by Steve Granitz/WireImage)/ Musician Taylor Swift attends the 2009 MTV Video Music Awards at Radio City Music Hall on September 13, 2009 in New York City. (Photo by Kevin Mazur/WireImage)/ Musician Taylor Swift attends the Costume Institute Gala Benefit to celebrate the opening of the «American Woman: Fashioning a National Identity» exhibition at The Metropolitan Museum of Art on May 3, 2010 in New York City. (Photo by Dimitrios Kambouris/FilmMagic)/ Singer Taylor Swift arrives at the 43rd Annual CMA Awards at the Sommet Center on November 11, 2009 in Nashville, Tennessee. (Photo by Jon Kopaloff/FilmMagic)/ Musician Taylor Swift attends the «Alexander McQueen: Savage Beauty» Costume Institute Gala at The Metropolitan Museum of Art on May 2, 2011 in New York City. (Photo by Dimitrios Kambouris/FilmMagic)/ Taylor Swift and Kenny Chesney perform at the Bridgestone Arena on September 17, 2011 in Nashville, Tennessee. (Photo by Frederick Breedon IV/WireImage)/ Taylor Swift performs during Z100's Jingle Ball 2012 presented by Aeropostale at Madison Square Garden on December 7, 2012 in New York City. (Photo by D Dipasupil/FilmMagic)/ Taylor Swift at the «One Chance» Press Conference at the Four Seasons Hotel on November 21, 2013 in Beverly Hills, California. (Photo by Vera Anderson/WireImage)/ Taylor Swift is seen on May 29, 2015 in New York City. (Photo by NCP/Star Max/GC Images)/ Singer Taylor Swift is seen walking in Soho on April 19, 2015 in New York City. (Photo by Raymond Hall/GC Images)/ Taylor Swift arrives at the 64th Annual BMI Pop Awards at the Beverly Wilshire Four Seasons Hotel on May 10, 2016 in Beverly Hills, California. (Photo by Steve Granitz/ WireImage)/ Taylor Swift attends the 2016 Costume Institute Gala at the Metropolitan Museum of Art on May 02, 2016 in New York, New York. (FilmMagic)/ Singer Taylor Swift meets fans at Tianhe Sports Center on November 11, 2019 in Guangzhou, Guangdong Province of China. (Photo by Xia Wening/VCG via Getty Images)/ Taylor Swift arrives at the 2019 iHeartRadio Music Awards which broadcasted live on FOX at Microsoft Theater on March 14, 2019 in Los Angeles, California. (Photo by Toni Anne Barson/WireImage)/ Taylor Swift, Shania Twain, and Ciara are seen onstage during the 2019 American Music Awards at Microsoft Theater on November 24, 2019 in Los Angeles, California. (Photo by Jeff Kravitz/ AMA2019/FilmMagic for dcp)/ Taylor Swift attends the 65th GRAMMY Awards at Crypto.com Arena on February 05, 2023 in Los Angeles, California. (Photo by Axelle/Bauer-Griffin/FilmMagic) / Taylor Swift performs during night one of The Eras Tour in Empower Field at Mile High in Denver, Colo., on Friday, July 14, 2023. Thousands of fans crowded the stadium to enjoy the sold-out concert. (Photo by Grace Smith/MediaNews Group/The Denver Post via Getty Images)/ Swifties head to the Soldier Field entrances as the Taylor

Swift Eras Tour arrives in Chicago drawing thousands of fans from across the country to catch one of Swift's three shows in Chicago starting June 2, 2023. (Shanna Madison/Chicago Tribune/Tribune News Service via Getty Images)/ Boston, MA - May 19: Taylor Swift fans show off their footwear before boarding the commuter line to Gillette Stadium for a weekend concert. (Photo by Erin Clark/ The Boston Globe via Getty Images)/ Taylor Swift performs during night one of The Eras Tour in Empower Field at Mile High in Denver, Colo., on Friday, July 14, 2023. Thousands of fans crowded the stadium to enjoy the sold-out concert. (Photo by Grace Smith/MediaNews Group/The Denver Post via Getty Images) / Taylor Swift is seen on June 27, 2023 in New York City. (Photo by Gotham/GC Images) / Taylor Swift performs onstage during the 2014 American Music Awards held at Nokia Theatre L.A. Live on November 23, 2014 in Los Angeles, California. (Photo by Michael Tran/FilmMagic) / Taylor Swift performs live on stage at Wembley Stadium on June 22, 2018 in London, England. (Photo by Brian Rasic/WireImage)

Achevé d'imprimer en août 2023 par Pollina en France - 47739.